U0582101

作者简介
···

　陈　浩　（1986.08—），中南财经政法大学金融学博士。中共党员。主要研究方向：货币政策，宏观经济不确定性对货币政策有效性的影响。曾参与财政部共建课题"中国国库现金目标余额管理""构建科学合理的国有资本投资运营公司国有资本收益管理制度研究"以及"我国公务卡管理研究"等，其中前两个被评为"财政部高校共建课题"优秀课题。在核心期刊发表论文两篇。

宏观经济不确定性
与货币政策有效性

陈　浩◎著

人民日报学术文库

人民日报出版社·北京

图书在版编目（CIP）数据

宏观经济不确定性与货币政策有效性／陈浩著 . —
北京：人民日报出版社，2020. 6
ISBN 978－7－5115－6425－2

Ⅰ. ①宏… Ⅱ. ①陈… Ⅲ. ①中国经济—宏观经济分
析②货币政策—研究—中国 Ⅳ. ①F123. 16②F822. 0

中国版本图书馆 CIP 数据核字（2020）第 096432 号

书　　名：宏观经济不确定性与货币政策有效性
　　　　　HONGGUAN JINGJI BU QUEDINGXING YU HUOBI ZHENGCE
　　　　　YOUXIAOXING
著　　者：陈　浩

出 版 人：刘华新
责任编辑：万方正
封面设计：中联学林

出版发行：人民日报出版社
社　　址：北京金台西路 2 号
邮政编码：100733
发行热线：（010）65369509　65369846　65363528　65369512
邮购热线：（010）65369530　65363527
编辑热线：（010）65369533
网　　址：www. peopledailypress. com
经　　销：新华书店
印　　刷：三河市华东印刷有限公司

开　　本：710mm×1000mm　1/16
字　　数：160 千字
印　　张：12. 5
版次印次：2020 年 8 月第 1 版　　2020 年 8 月第 1 次印刷

书　　号：ISBN 978－7－5115－6425－2
定　　价：85. 00 元

摘 要

伴随经济全球化进程的加快，世界经济形势不确定性和复杂性日益增加，特别是 2008 年国际金融危机以来，全球经济不确定性的增加逐渐引起各国政府和学界的高度关注。而中国作为全球第二大经济体，随着国际金融危机以后世界经济复苏的不确定性日益增加，中国经济受此影响，不确定性及复杂性也有所增加。近年来，特别是中国经济转入中高速增长，随着中国经济下行压力加大，房地产、股市、地方债等金融市场风险都在不断累积，这无疑会增加经济系统的不确定性，需要引起应有的关注。

一般而言，发达国家的经济基础和体制更加完善，所以抵御风险的能力比发展中国家更强，因此，对于发展中国家而言，研究宏观经济不确定性就显得更加重要。在当前经济环境下，如何客观评价中国经济存在的不确定性是亟待回答的问题，本书试图构建中国宏观经济不确定性指数，并验证其对宏观经济以及相关政策有效性的影响。

货币政策是调控宏观经济的重要手段，当经济面临较大不确定性时，货币政策调控效果是否会发生显著变化？这也是未来货币政策实践中一个亟须回答的问题。过去 30 年，金融市场运作方式已经发生了巨大的改变，金融市场受到不确定性影响更大，而且对货币政策有效性产生了深远的影响。例如伍德福德（2003）指出近 10 年美国货币政策传导机制发生的巨大转变：经济变量与短期政策利率之间的相关性，在不同时期发生了显著的改变，从 1962Q1 到 1979Q3 期间，经济总量与支出的增长率与名义联邦基金利率，特别是与滞后期的联邦基金利率，呈现负相关关系；从 1984Q1 到 2008Q4 期间，经济总量与支出的增长率，与名义联邦基金利率，特别是滞后期的联邦基金利率，呈现出正相关关系。

从中国的情况来看，近年来随着包括汇率市场和利率市场化一系列经济金融改革的推行，中国的货币金融运行机制已经发生改变，日益深化的金融市场对货币政策传导的影响越来越大。一般而言，我国货币政策的传导机制主要是从中央银行到金融体系，再到实体经济，目前可以将我国货币粗略地划分为价格渠道和数量渠道。但随着金融市场的深化，资本市场开始形成新的影响渠道，例如资产价格上涨时，一方面会通过财富效应促进居民消费，另一方面还会影响企业资产负债表，从而影响企业的融资能力以及融资成本，进而整个社会的融资规模都会发生变化，最终影响到实体经济活动，这实际上也就是我们所说的资产负债表渠道。那么，在当前资产市场面临高不确定性的情况下，货币政策有效性无疑会发生重要变化。

除导论和结论与政策建议外，本书主要包括如下 4 个章节。第一章是宏观经济不确定性及其测度，本书结合中国经济的实际情况，借助加拉多等（2015）的研究方法构建了中国宏观经济不确定性指数，为说明该指数的适用性，本书还进一步讨论了宏观经济不确定性指数与经济政策不确定性，以及股市波动率 VIX 之间关系及区别。第二章是宏观经济不确定性对货币政策有效性的影响，本章主要探讨了宏观经济不确定性是否会对货币政策有效性带来影响。选取中国 2005—2017 年宏观经济样本，首先研究了货币政策对经济产出和价格水平是否存在有效的影响，其次考察在宏观经济不确定性变化的情况下，货币供给量 M2、信贷和利率的冲击对经济产出和价格水平的影响是否发生变化以及变化的程度。第三章是宏观经济不确定性对货币政策结构调整功能的影响，这一章节是本书的核心章节，详细探讨了宏观经济不确定性对货币政策结构调整效应的影响。同样借助中国 2005—2017 年宏观经济数据，首先研究了货币政策对产业结构是否存在有效的影响，然后考察在宏观经济不确定性变化的情况下，货币供给量 M2、利率和价格指数的冲击对产业结构影响时候发生变化以及变化的程度。第四章是宏观经济不确定性对结构性货币政策结构调整功能影响，本章在研究宏观经济不确定性对总量性货币政策的结构效应的基础上，继续讨论了高宏观经济不确定性下，结构性货币政策的结构效应的有效性。考虑到结构性货币政策实施的时间较短，且都在高宏观经济不确定性阶段，本章从结构性货币政策的有效性视角出发，聚焦于高宏观经济不确定性对结构性货币政策的结构效应的影响。基于 1845 家上市公司 2013 年第 1 季度至 2018 年第 4 季度的数据样本，本书采用不同的回归方法、不同的融资约束测度方法，对比不同的特征企业子样本实证结果，全面细致地分析了不同结构性货币政策工具对民营企业及国有企业、中小企业及大型企业融资约束的差异化影响，并结合各类结构性货币政策工具的实施特点进行解读，最后进一步考察结构性货币政策各个传导渠道的有效性。

本书通过研究主要得出以下结论：

1. 基于经济不确定性测度与比较，本书发现，经济政策不确定更多是反映各国经济政策的变化，而不能完全反映宏观经济不确定性；同时，经济政策不确定性很有可能是相关决策部门根据宏观经济不确定性做出的被动反应。股市波动率 VIX 则由于我国资本市场的不完善，不能完全反映整个经济的不确定性，而且 VIX 与宏观经济不确定性指数相比，VIX 可以反映经济不确定变化时间，但是不能反映宏观经济不确定性的具体程度。

2. 基于宏观经济不确定性对货币政策有效性的影响，经研究发现，首先，宏观经济不确定性会弱化数量型货币政策有效性，会在边际上显著降低政策刺激对产出的促进效果，但基本上不会改变其作用方向。具体而言，随着宏观经济不确定性的提高，货币供给量 M2 和信贷 loan 对经济产出和价格水平的影响都会减小，影响时间也会变短，但是不会改变其作用方向。其次，宏观经济不确定性会弱化价格型货币政策有效性，不会改变其对经济产出作用方向，但是会改变其对价格水平的作用方向。具体而言，随着宏观经济不确定性的提高，利率对经济产出和价格水平的影响都会减小，影响时间也会变短。但是对于价格水平来说，宏观经济不确定性会改变利率冲击对价格水平的影响方向。最后，宏观经济不确定性会弱化货币政策收入分配的有效性，但是不会改变其作用方向。货币政策正向冲击会加剧收入不平等，而且随着宏观经济不确定性的提高、货币政策加剧，收入不平等会变得更加严重。

3. 基于宏观经济不确定性对货币政策结构调整效应的影响，经研究发现，首先，不论是数量型货币政策还是价格型货币政策以及通货膨胀，都对三大产业产生了影响，并且影响效果存在明显差异，所以存在显著的结构效应。具体来说，货币供给量 M2 和通货膨胀对第二产业影响最大，第三产业次之，对第一产业的影响最小；而利率对第二产业的影响最大，第一产业次之，对第三产业的影响最小。其次，考虑宏观经济不确定性这一因素以后，我们发现，随着宏观经济不确定性的提高，不论是数量型货币政策还是价格型货币政策以及通货膨胀，对三大产业产生的影响都发生了显著变化，并且这种变化存在明显差异，所以宏观经济不确定性对货币政策结构效应具有有效的影响。再次，宏观经济不确定性对数量型货币政策的产业结构调整效应具有显著的影响。具体而言，随着宏观经济不确定性的提高，货币供给量 M2 冲击对三大产业影响无论在影响程度还是在影响时间上都发生了变化。其中，对第一产业的影响依然很小，与不考虑宏观经济不确定性基本一致；对第二产业的影响很大，具体来说，宏观经济不确定性能够很大程度减弱货币供给量 M2 对第二产业的影响，同时也大幅度减少影响的时间；对第三产业影响比较大，但是没有对第二产业的影响大。另外，宏观经济不确定性对价格型货币政策的产业结构调整效应具有显著的影响。具体而言，随着宏观经济不确定性的提高，利率冲击对三大产业影响无论在影响程度还是在影响时间上都发生了变化。其中，对第一产业的影响依然很小，与不考虑宏观经济不确定性基本一致；对第二产业的影响很大，具体来说，宏观经济不确定性能够很大程度减弱利率对第二产业的影响，同时也大幅度减少影响的时间；对第三产业影响比较小，但是加快了利率冲击对第三产业影响的速度（很快达到峰值），减少了影响时间。最后，宏观经济不确定性对通胀的产业结构调整效应具有显著的影响。具体而言，随着宏观经济不确定性的提高，CPI 冲击对三大产业影响无论在影响程度还是在影响时间上都发生了变化。其中，对第一产业的影响依然很小，与不考虑宏观经济不确定性基本一致；对第二产业的影响很大，具体来说，在高宏观经济不确定性时，CPI 的冲击影响明显小于不考虑宏观经济不确定性的情况，对于低宏观经济不确定性来说，CPI 冲击效果出现了反复波动，而且影响时间大幅度增长；对第三产业影响比较大，甚至出现了影响方向上的变化，但是对于低宏观经济不确定性方向并未发生变化，但是影响程度大于不考虑宏观经济不确定性的情况。

4. 基于宏观经济不确定性与结构性货币政策有效性，经研究发现，首先，相较于传统货币政策工具，结构性货币政策工具在缓解民营企业和中小企业融资约束方面更加有效，其中抵押补充贷款、常备借贷便利效果最为显著，但政策效果表现出明显的时滞特征；定向降准政策效果具有不稳定性；中期借贷便利操作并不能缓解民营企业和中小企业融资约束。各类结构性货币政策工具都没有对国有企业、大型企业的融资约束产生显著影响。其次，采用投资—现金流敏感系数作为融资约束的替代指标对不同结构性货币政策工具与特征企业融资约束的关系进行再检验，发现上述结果依然稳健。最后，不同结构性货币政策工具的传导渠道存在差异且传导渠道的畅通情况也不尽相同。定向降准、中期借贷便利的微观有效性较弱，无法缓解企业融资约束，说明其传导渠道受阻；而常备借贷便利的信用风险渠道、银行信贷渠道均有效，且银行信贷渠道的作用更大；抵押补充贷款主要通过银行信贷渠道实现定向调控，并不经由信用风险渠道发挥作用。

基于以上研究，本书提出相关政策建议，央行在货币政策实践中应综合利用多种结构性货币政策工具，打好货币政策调控的"组合拳"，并且应该通过政策实施的具体规定进一步加强结构性货币政策操作的"靶向性"。部分结构性货币政策效果欠佳并且传导渠道存在"阻塞"现象，这就需要不断创新结构性货币政策工具，同时进一步加强对商业银行的信贷引导，着力破除商业银行对民营企业和中小微企业等弱势企业的"惜贷"倾向，更好地疏通货币政策传导渠道。

本书研究贡献主要体现在以下两个方面。

1. 本书结合中国实际情况，对现有不确定度测量研究的差异进行了分析，提出了更适合我国实际经济情况的测量方法。测度宏观经济不确定性的关键在于厘清不确定性的相关变量以及如何提取经济不确定性的构成要素。从现有的研究来看，衡量宏观经济不确定性的方法可分为四类：金融市场波动法、专家调查预测法、预测误差法和新闻媒体信息挖掘法。以上四种方法大多是通过寻找不确定性的替代指标来间接衡量宏观经济的不确定性，特别是金融市场波动率法（布鲁姆，2009）将不确定性与其他概念混合在一起，估计结果并不反映宏观经济的不确定性。楚里（2017）认为采用替代指标的不确定性估计存在系统替代偏差，估计结果的解释和可靠性相对不足。而本书所构建的宏观经济不确定性指数能更好地利用实体经济和金融市场信息，具有较好的逆周期性和持久性。具体而言，本书所构建的不确定性指数应当与经济活动之间呈现一定的负相关关系，或者说经济不确定性指数具有一定的逆周期性。与一般的冲击不一样，经济的结构性问题一般被认为具有一定的持久效应，本书在经济不确定性指数构建以后，检验该指数对经济活动的影响，结果发现具有明显的持久性，满足该条件，说明本书所构建的指数能较好地反映经济结构问题的情况。

2. 本书聚焦货币政策结构效应的新动态，讨论了经济不确定性环境下货币政策的结构效应的变化，以及结构性货币政策的有效性。过去对货币政策有效性的研究主要关注货币政策的总量效应，对结构效应以及结构性货币政策关注度不够，本书则充分考虑这些货币政策实践过程中的新特征。具体而言，本书基于宏观经济不确定性对货币政策结构调整效应的影响，经研究发现，首先，不论是数量型货币政策还是价格型货币政策以及通胀，都对三大产业产生了影响，并且影响效果存在明显差异，表明存在显著的结构效应。而且在高不确定性时期，结构性货币政策的有效性也存在一些新的特征，例如相较于传统货币政策工具，结构性货币政策工具在缓解民营企业和中小企业融资约束方面更加有效，其中抵押补充贷款、常备借贷便利效果最为显著，但政策效果表现出明显的时滞特征；定向降准政策效果具有不稳定性；中期借贷便利操作并不能缓解民营企业和中小企业融资约束。各类结构性货币政策工具都没有对国有企业、大型企业的融资约束产生显著影响。

目　录
CONTENTS

图表目录

导　论

第一节　研究背景及意义

随着经济全球化进程的加快，世界经济形势变得复杂多变，经济不确定性因素紧密联系在一起，引起了各国政府和学术界的关注。回顾全球经济发展历程，2001 年的"9·11"事件和地缘政治风险的加剧，使世界经济增长继续处于低位。作为世界第二大经济体，中国经济活动的不确定性和复杂性也有所增加。2015 年中国股市灾难的爆发影响广泛而巨大，2016 年初，中国经济面临去库存效应低、汇率市场动荡、银行危机、资本外流等不确定性因素。在上述因素的共同作用下，经济下行压力加大；2017 年国内债券市场风险和中美贸易摩擦也带来诸多不确定性；2018 年，在充满风险和不确定性的一年里，投资者担心特朗普税制改革的启动，美联储货币政策的调整和贸易保护主义的抬头。总体而言，中国经济发展过程中的不确定性来自两个方面：国际方面，美联储货币政策的调整、中美贸易摩擦、新兴市场经济波动都对中国经济运行产生重要影响；国内方面，政府为解决资本市场杠杆率过高、地方政府债务风险、产能过剩等问题而出台的政策难以预测，也增加了经济运行的不确定性。与发达国家相比，发展中国家受不确定性因素的影响更为严重，而自身抵御风险的能力较弱。因此，研究发展中国家的经济不确定性具有更重要的意义。

一般而言，发达国家的经济基础和体制更加完善，所以抵御风险的能力比发展中国家更强，因此，对于发展中国家而言，研究宏观经济不确定性就显得更加必要。不确定性因素在给中国经济运行带来更大压力的同时，也加大了货币政策操作与执行的困难，货币决策的有效性大打折扣。在国内外冲突和风险重叠的情况下，有必要把握经济不确定性与货币政策工具效应的关系。

货币政策作为一种调节需求的宏观调控政策，在我国宏观调控政策体系中一直发挥着重要作用。在全球经济调整的背景下，中国经济发展进入了一个新常态。经济的周期性和结构性问题相互重叠，其核心是调整经济结构，转变经济增长方式。在当前宏观经济背景下，必须处理好经济结构调整与货币政策的关系。一方面，面对经济由高速增长向中高速增长转变的现实，要把握货币政策的取向和力度，既要防止经济惯性下降，又要防止过度"排水"对经济带来的不利影响；另一方面，由于未来很长一段时间内经济可能会经历转型调整的过程，运行中的货币政策要确保经济总量稳定，进一步促进经济结构优化，确保经济结构调整顺利完成，转型升级。为实现上述目标，货币当局不仅要关注总量的调控，还要关注货币政策对经济结构的影响，增强货币政策调控的灵活性和针对性。

什么是宏观经济不确定性？宏观经济不确定性如何度量？这两个问

题成为首先要关注的问题。奈特（1921）将不确定性定义为"人们无法预测未来事件的可能性"。那么"风险"和"不确定性"有什么区别呢？首先区分"风险"和"不确定性"的是奈特，他主要以"主观概率"和"客观概率"来区分风险和不确定性。"风险"的概率是可以预测到的，可以通过保险来转移。而"不确定性"则是客观概率完全不可知，产生利润的原因是不确定性的存在，在完全竞争的确定性环境中，就没有利润，企业家如何获得更多的利润主要取决于如何应对不确定性。有些研究混淆了不确定性与风险的差异，将波动性等一些可观测的风险指标作为不确定性的代理变量，也就是将风险视为不确定性。现代经济和金融可以应对风险，计算出的保费是衡量风险的一种方法。如果市场波动可以用模型来衡量，那么这些就是风险。它们可以通过风险管理来解决，严格来说，风险管理不是不确定性。因此，把握"不可预测性"的特征是衡量不确定性的合理尺度，排除可预测的风险，不确定性是不可预测的部分。测度经济不确定性的关键是厘清不确定性的相关变量以及如何提取经济不确定性的构成要素。从现有的研究来看，衡量宏观经济不确定性的方法主要可分为四类：即金融市场波动率法、专家调查预测法、预测误差法和新闻媒体信息挖掘法。

那么，宏观经济的不确定性是否会影响货币政策的结构调整功能？在全球经济调整的大背景下，中国经济发展步入新常态，经济的周期性问题和结构性问题相互重叠，其核心是调整经济结构，转变经济发展方式。在当前宏观经济背景下，必须处理好经济结构调整与货币政策的关系。一方面，面对经济由高速增长向中高速增长转变的现实，要把握好货币政策的取向和力度，既要防止经济惯性下降，又要防止过度"排水"对经济的不利影响；另一方面，由于经济在未来很长一段时间内可能会经历转型和调整的过程，而货币政策正在运行，要确保经济总量稳定，进一步促进经济结构优化，确保经济结构调整、转型升级顺利完成。为实现上述目标，货币当局不仅要关注总量的调控，还要关注货币政策对经济结构的影响，增强货币政策调控的灵活性和针对性。同时，宏观经济的不确定性会影响宏观经济的运行，因此宏观经济的不确定性可能会对货币政策结构的调整功能产生一定的影响。这为本研究提供了一个重要的思路。

基于以上的背景，本书试图研究的主要问题是：

第一，研究宏观经济不确定性，并构建宏观经济不确定性指数。并在此基础上研究宏观经济不确定性指数是否能够有效反映经济不确定性。

第二，通过宏观经济不确定性指数，研究宏观经济不确定性是否存在对货币政策有效性的影响。主要是通过研究宏观经济不确定性的变化，货币政策冲击对宏观经济的影响是否发生变化，如果发生变化，将如何变化。

第三，通过宏观经济不确定性指数，研究宏观经济不确定性是否存在对货币政策结构调整功能的影响。主要是通过研究宏观经济不确定性的变化，货币政策冲击对经济结构的影响是否发生变化，如果发生变化，将如何变化。

第四，通过宏观经济不确定性指数，研究宏观经济不确定性是否存在对结构性货币政策的结构调整功能的影响。主要是通过研究宏观经济不确定性的变化，结构性货币政策冲击对经济结构的影响是否发生变化，如果发生变化，将如何变化。

第二节　文献综述

国内外已有大量关于宏观经济不确定、货币政策与收入分配关系的研究，本书将主要从宏观经济不确定性的量化测度、宏观经济不确定性与货币政策、货币政策与收入分配关系，这三个方面对国内外文献进行述评。

一、宏观经济不确定性的量化测度研究

本书回顾了近年来国内外关于经济不确定性定量测量的代表性文献，研究了经济不确定度测量的理论发展和方向，并根据测量方法将经济不确定性定量测量方法分为两类。

第一类，经济不确定性的度量方法是寻找一种合适的、易于度量的、能够在一定程度上反映经济不确定性的代理指标作为经济不确定性的估计。由于其原理简单、逻辑清晰、计算简单、可操作性强、对数据要求相对较低，经济学家在实际操作中普遍采用这种方法来衡量宏观经济的不确定性。该方法的关键是寻找合适的测量指标。布鲁姆（2009）利用向量自回归模型（VAR）处理股票市场波动序列作为经济不确定性的代理指标，分析了经济活动与不确定性之间的关系。布鲁姆等（2014）以企业收入和行业收入的预期波动作为经济不确定性的代理指标来衡量经济不确定性；在实际应用中最广泛使用的经济不确定性代理指标是芝加哥期权交易所指数的市场波动率 VIX 指数（波动率指数），这反映了标普 500 指数等期权价格 30 天后的市场波动预期。布鲁姆

（2009）、卡吉亚诺（2014）和贝克（2013）分别以 VIX 指数作为经济不确定性的代理指标，研究不确定性与经济波动性的关系；贝克（2015）提出用包含经济政策不确定性的文章频度来衡量经济政策不确定性。以美国销量前十的报纸为基础，根据报纸发表的文章数量和以"经济""政策""不确定性"为关键词的文章数量，建立了经济不确定性指数，并证明了通过该方法获得的不确定性能够更好地解释美国近年来发生的重大经济和政治事件；吕丽静等（2016）借鉴这种方法，通过关键词扫描统计频率测量经济不确定性，研究经济不确定性对区域最终消费差异的影响。陆晓东（2017）利用芝加哥期权波动率指数来表征外部经济不确定性，研究了外部不确定性对中国出口的影响。

第二类，是基于经济不确定性的定义。它通过调查受访者（参与经济活动的机构和个人）对某些经济指标的主观感受和预期横截面数据的离散差异来衡量经济不确定性。受访者的主观感受和预期横截面数据的离散度反映了经济参与机构和个人对经济形势和前景的分歧程度。分权程度的提高，意味着各经济主体对经济指标的判断存在较大差异，不确定性也在增加。与此方法的原理类似，经济不确定性的计算是通过比较经济参与者与经济预测之间的偏差程度来实现的。如果不确定性很小，我们可以更好地预测经济指标，否则就很难预测。鲍姆伯克（1996）首次提出利用当前经济参与者对经济指标的主观感知和预测的零散差异来计算经济不确定性。达米科等（2008）还使用被调查者预测的经济指标的不一致程度来表示经济不确定性；布鲁姆（2009）使用样本公司利润的标准差来表示经济不确定性；斯克提（2012）采用比较被调查公司经济指标预测值与实际值偏差的方法；斯克拉（2012）采用样本公司销售增长率横截面数据偏差作为经济不确定性的估计；巴赫曼（2013）比较通过对样本公司未来经营的预期值和实际值的调查，也就是说，它代表了经济的不确定性，认为不确定性是经济衰退的结果，而不是原因，并说明预测偏差法是利用数据微观结构估计实际不确定性的一种定性、有效的方法；吉丹诺（2003）和马恩基夫（2004）提出了用预期通货膨胀率偏差计算经济不确定性的方法；加拉多（2015）认为不确定性的定性增加意味着经济变量将变得更加难以预测。如果经济变量的预测偏差减小，不确定性也随之减小。因此，预测偏差可以用来表示不确定性。当经济不确定性用预期截面数据的偏离度表示时，应区分已知预测部分和未知预测部分。在计算之前的不确定度时，需要将已知的预测部分分离，而留下纯未知的预测部分。在此基础上，提出了条件预测偏差的概念，构造了基于预测误差方差的加权平均（不可测部分）模型来度量经济不确定性。布鲁姆（2014）使用 GDP 增长率的预期偏差来计算经济不确定性。

二、宏观经济不确定性对货币政策有效性的影响

不确定性对货币政策有效性的影响引起学者的广泛关注。目前关于经济不确定性对于货币政策有效性影响的研究大致可分为两类：即微观效应和宏观效应。关注微观效应的研究往往基于微观企业个体的数据展开实证检验与理论分析。布鲁姆等（2007）的研究发现股市波动率较高时会导致企业投资下降，就业减少，从而削弱货币政策的调控效果。布鲁姆（2009）从公司层面研究了不确定性事件冲击对企业行为的影响。在存在劳动力和资本非凸性调整成本的情况下，由于"等待和观望"效应，当不确定性很高时要素价格变化的影响很小（布鲁姆，2009；布鲁姆等，2014）。国内学者发现，经济不确定性升高时会显著

削弱国内企业的投资，从而导致旨在刺激投资增加的货币政策的有效性下降（李凤羽和杨墨竹，2015；段梅，2017；饶品贵等，2017）。杨铭和干杏娣（2018）利用上市公司数据检验了经济政策不确定性对货币政策就业效应的影响。就宏观经济效应而言，卡伽曼等（2017a）研究了零利率下限期间不确定性冲击的影响。他们发现，不确定性冲击在零利率时期更强烈地影响实体经济运行。卡伽曼等（2017b）专注于常规的货币政策时期不确定性冲击对实际活动的影响并且发现名义指标对经济周期具有依赖性，对整个经济周期中美国系统的货币政策的有效性进行了检验。亚历山德里和蒙塔兹（2014）讨论了在高/低财务压力下不确定性冲击影响的差异性。另一部分文献分析了货币政策冲击在高不确定性与低不确定性情形下调控效果的差异性（阿斯特维特等，2017；艾克迈尔等，2016；佩莱格里诺，2018a，2018b），发现高不确定性下货币政策冲击的效果往往较弱。阿斯特维特等（2017）将经济不确定性与货币政策工具变量的交互项纳入 SVAR 模型中考察经济不确定性对美国货币政策有效性的影响，研究发现不确定性升高会削弱货币政策的宏观调控效果。梅纳博和莫切罗（2015）发现，与通货膨胀水平和产出缺口相比，通胀预期与金融市场中的风险因素更能驱动美国货币政策调整。瓦夫拉（2014）和巴利和布兰科（2016）表明，较高的不确定性导致价格灵活性较高，进而损害中央银行影响总需求的能力。国内相关研究比较欠缺，赵继志和郭敏（2012）基于 1998—2011 年的样本数据，使用 FAVAR 模型检验了国际因素对中国货币政策有效性的影响及其动态变化过程。刘喜和等（2014）对比考察了不同不确定性条件下货币政策规则对国内通货膨胀和产出的冲击。庄子罐等（2016）的研究发现模型参数的不确定性也会影响货币政策的实施效果，但这一影响只体现在量上。苏治等（2019）以股市波动率与经济政策不确定指数作为经济不确定性的替代变量，发现经济不确定性会削弱价格型与数量型货币政策工具的有效性，并且这种削弱作用在金融危机后更为明显。

三、货币政策的结构效应

现有的货币政策结构效应研究主要集中在货币政策的区域结构效应和产业结构效应两个方面。

（一）货币政策的区域结构效应

货币政策区域结构效应的研究可以追溯到斯科特（1955）。他通过比较不同地区、不同银行集团的自由准备金时间变化，发现纽约市对周边地区公开市场操作过程中存在重要的时滞现象，从而证明货币政策存在区域效应差异。之后，加里森和常（1979）指出，1969—1976年货币政策对美国地区制造业收入的影响是不同的，其中对五湖地区的影响最大，对落基山地区的影响最小。卡利诺和德菲纳（1998）研究了1958—1992年货币政策对各州的影响，发现统一货币政策对各州的具体影响是不同的。欧阳和沃尔（2003）将样本区间划分为两个时期：前沃尔克时期和沃尔克—格林斯潘时期。结果表明，各国货币政策均存在显著的区域效应，且货币政策的区域效应在两个时期内存在显著差异。与沃尔克—格林斯潘时期相比，前沃尔克时期紧缩货币政策导致的经济衰退更为严重。这两个时期的差异主要是由于货币政策传导机制的变化。

国内对货币政策区域结构效应的研究起步较晚。于则（2006）运用 VAR 模型和聚类分析对我国货币政策的区域效应进行了研究。结果表明，不同地区货币政策的反应范围和反应时间存在显著差异。杨晓、杨凯忠（2007）和陈安平（2007）运用 SVAR 模型的实证研究结果也表明，中国统一货币政策对三个地区的影响是不同的。焦瑾璞等（2006）、宋旺和钟正生（2006）发现，区域货币政策传导渠道和传导机制的差异是货币政策区域效应的重要原因。张辉和王征（2013）指出，企业结构、政府行为和金融结构的差异是导致货币政策区域效应的重要因素。

（二）货币政策的产业结构效应

伯南克和格特勒（1995）开创了货币政策对产业结构影响的研究。从信贷传导渠道入手，运用 VAR 模型研究货币政策对不同行业的影响是否不同。他们发现，货币政策对最终产出各组成部分（如耐用品消费、非耐用品消费、住宅投资和商业投资等）的影响是不同的，住宅投资和商业投资也是不同的。多拉和里皮（2005）利用 SVAR 模型分析了德国、法国、意大利、英国和美国等 5 个国家 21 个制造业部门的面板数据。研究发现，不同行业对货币政策影响的反应存在显著差异。产品耐久性、企业融资需求、融资能力和企业规模是影响货币政策产业效应的重要因素。詹森等（2013）利用美国上市公司的数据发现，企业规模对货币政策效果有重要影响，而流动性、短期负债率和公司杠杆率的影响是不确定的。

国内学者王剑和刘玄（2005）利用 VAR 模型研究了各行业对货币政策影响的反应速度和深度，发现货币政策的传导效应表现出显著的行业差异，其中第二、三产业对货币政策的反应更为敏感，而第一产业则不然。戴金平等（2005）实证分析了六个行业对中国货币政策影响的反应。闫红波和王国林（2008）发现，货币政策的产出效应与产业产出效率和企业规模呈负相关，与资本密集度和对外依存度呈正相关，与货币政策的价格效应和资本密集度呈负相关。曹永琴（2010）指出，各行业有形资产比重的差异、由此产生的金融摩擦差异、各行业市场结构的差异以及我国信贷体系的独特安排，是货币政策效应不对称的重要原因。

第三节　研究思路与方法

一、研究思路

本书主要围绕"宏观经济不确定性对货币政策结构调整功能的影响"这一核心进行研究讨论。为了更好研究和讨论"宏观经济不确定性对货币政策结构调整功能的影响"，本书总体的研究思路是：

第一，分析和研究经济不确定性，并在此基础上，构建宏观经济不确定性指数，并验证其有效性。然后通过对比其他经济不确定性指标，分析它们之间的优劣，从而选择更好的宏观经济不确定性代理指标，为后文的研究打好基础。

第二，分析我国货币政策有效性，应用宏观经济不确定性指数，研究随着宏观经济不确定性的变化，货币政策有效性否发生变化，如果有变化，是如何变化的。然后我们将货币政策分为数量型货币政策和价格型货币政策，分别研究宏观经济不确定性对这两种货币政策有效性的影响。

第三，分析我国货币政策对经济结构的影响，然后应用宏观经济不确定性指数，研究宏观经济不确定性对货币政策的结构调整功能是否产生影响，如果有影响，产生了什么样的影响。然后本书从数量型货币政策和价格型货币政策两个角度出发，分别研究宏观经济不确定性对这两种货币政策结构调整功能的影响。

第四，在前文的研究基础上，研究结构性货币政策能够解决结构失衡的问题，并进行实证检验。

二、研究方法

本书在需要解决三个重要问题，第一个是如何把握不确定性的不可预测特征，做出对中国经济不确定性的合度测度，第二个是如何把不同频度的数据统一起来，第三个则是如何检验宏观经济不确定性对货币政策结构调整功能的影响。针对以上三个问题，本书需借助以下实证方法。

（一）经济不确定性的测算——基于 FAVAR 框架

本书按照加拉多等（2015）提出的方法，基于 FAVAR 框架测算了中国经济不确定性指数，这里的经济不确定性指数测度的是实体经济本身的不确定性。

经济不确定性的相关研究可以分为两大类，实体经济不确定性与经济政策不确定性（贝克等，2016）。现有研究认为，前者指实体经济层面的冲击所导致的不可预料的波动或风险，后者则指的是因为宏观调控部门经济政策变动产生的不能预先计算与评估的风险（陈乐一和张喜艳，2018）。严格意义上来讲，经济不确定性是一个不可观测变量，已有研究常用测算出来的经济波动性或者风险作为经济不确定性的代理指标，而经济不确定性指的是波动或者风险中不可预料的部分，这些代理变量存在对经济不确定性的高估。在构建指数的过程中，这些波动性指标之间存在显著的独立波动性。如果通过简单的加权来构建综合指数，表明这些波动之间并不存在一个共同的驱动因子，他们的波动也不是由经济不确定性共同驱动。更严重的是，这种将波动性或者风险作为代理指标的做法，与我们通常所理解经济不确定性的含义完全背离。例如，当经济基本面进入一个稳定期时，即便经济不确定性可能没有发生任何变化，部分市场的波动性或者风险，仍然会随时间变化。这种变化甚至不依赖于经济不确定性的变化，因此这种代理指标的处理方式在经济平稳期会陷入明显的悖论。

因此，为了合理度量实体经济不确定性，首先需要解决的问题就是按照经济不确定性的严格定义，剔除掉代理指标中的可预测部分。加拉多等（2015）首次尝试了这种指数构建思路，他选择多个经济序列指标，分别测算每一个经济指标不可预测的程度，将其作为不确定性指数的构成部分。每个部分的不可预测部分根据 $U_{jt}^y(h) \equiv$ $\sqrt{E\left[(y_{jt+h} - E[y_{jt+h} \mid I_t])^2 \mid I_t\right]}$ 得到，其中可以看到。然后将其进行加权求和，作为经济不确定性指数 $U_t^y(h) \equiv plim_{N_r \to \infty} \sum_{j=1}^{N_r} \omega_j U_{jt}^y(h) \equiv$ $E_w\left[U_{jt}^y(h)\right]$。指标构建过程中他们专注于测度某一序列的不可预测部分，在指数构建过程中剔除了指标中的可预测部分，然后基于 FAVAR 框架进行信息汇总，最后得到一个不可预测部分的综合指数。加拉多等（2015）测算出来的经济不确定性指数，由于剔除掉经济波动中的可预测部分，不仅具有更高的独立性，还修正了现有指标对经济不确定性的高估，经济不确定性小于经济波动本身，是对经济不确定性测量的较大改进。

（二）混频算法——混频近似因子 EM 算法

我们都知道，我国部分宏观经济数据只有季度同比数据，但是，季度数据的滞后性有时候制约了政策当局及时了解经济运行状况，从而使得宏观调控政策很难准确的选择。而且，同比数据的特殊性也导致环比数据模型很难直接运用。为此，本书采用混频算法——混频近似因子EM算法，将季度宏观经济数据转换为月度数据，从而将季度变量纳入月度模型进行研究。

第四节　研究框架及主要内容

本书研究框架及主要内容见图 0 - 1。本文内容共五章七部分，每部分主要内容如下。

导论部分，主要讲述论文的研究背景及意义、文献综述、研究对象、研究框架与研究内容、研究方法、创新点和不足。

第一章为构建宏观经济不确定性指数。首先，详细地描述了宏观经济不确定性理论模型；然后，通过构建 FAVAR 模型测度出宏观经济不确定性指数；最后，研究宏观经济不确定性指数的有效性进行分析。最终得到宏观经济不确定性指数，为下文的研究做铺垫。

第二章主要事研究宏观经济不确定性条件下对货币政策有效性的影响。本章主要通过构建 VAR 模型，分别得到在高和低不确定性条件下，货币政策对经济产出和价格水平的影响，以及相应的产出会发生什么样的变化，并分析和研究其中的机理。

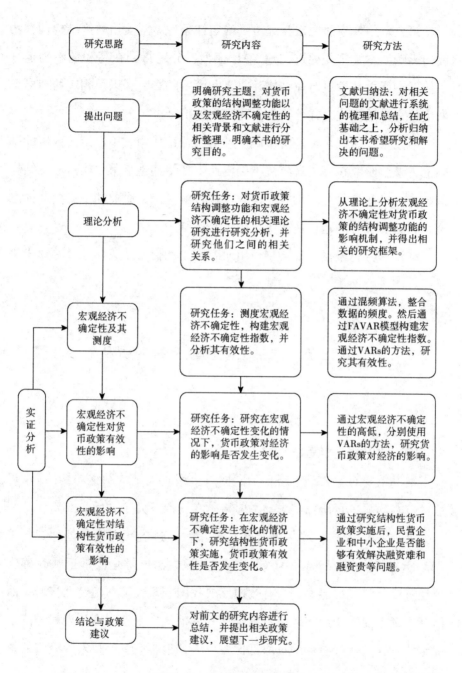

图 0-1　本书的研究框架图

第三章主要事研究宏观经济不确定性条件下对货币政策结构调整功能的影响。本章主要通过构建 VAR 模型，分别得到在高和低不确定性条件下，货币政策对产业结构和收入和消费的影响，以及相应的产出会发生什么样的变化，并分析和研究其中的机理。

第四章在研究宏观经济不确定性对总量性货币政策的结构效应的基础上，继续研究在高宏观经济不确定性下，结构性货币政策对经济结构的影响。本章是研究结构性货币政策能否解决民营企业和中小企业的融资难和融资贵等问题，从而优化微观经济结构。

结论部分，根据实证结果得出研究结论和提出政策建议，并对未来研究方向进行展望。

第五节　本书主要贡献及研究局限

一、本书的主要贡献

本书主要对"宏观经济不确定性对货币政策结构调整功能的影响"这一核心问题进行研究，本书主要贡献在于以下几个方面：

第一，本书选取 56 个宏观经济变量，通过混频方法的处理，基于 FAVAR 模型构建宏观经济不确定指数。该方法能够全面地反映我国宏观经济运行状况，能够更为有效地反映我国宏观经济不确定性状况。而已有文献主要采用经济政策不确定性等其他代理变量来度量宏观经济不确定性，这些代理指标的选取都比较单一，很难完全反映宏观经济的整体情况。

第二，在宏观经济不确定性视角下，通过实证的方法研究货币政策有效性。一方面，宏观经济不确定性会弱化数量型货币政策有效性，但是不会改变其作用方向。具体而言，随着宏观经济不确定性的提高，货币供给量 M2 和信贷 loan 对经济产出和价格水平的影响都会减小，影响时间也会变短，但是不会改其作用方向。另一方面，宏观经济不确定性会弱化数量型货币政策有效性，不会改变其对经济产出作用方向，但是改变其对价格水平的作用方向。具体而言，随着宏观经济不确定性的提高，利率对经济产出和价格水平的影响都会减小，影响时间也会变短。但是对于价格水平来说，宏观经济不确定性会改变利率冲击对价格水平的影响方向。

第三，在宏观经济不确定性视角下，通过实证的方法研究其对货币政策结构调整功能的影响。结果发现，首先，考虑宏观经济不确定性这一因素以后，我们发现，随着宏观经济不确定性的提高，不论是数量型货币政策还是价格型货币政策以及通胀，对三大产业产生的影响都发生了显著变化，并且这种变化存在明显差异，所以宏观经济不确定性对货币政策结构效应具有有效的影响。其次，宏观经济不确定性对数量型货币政策的产业结构调整效应具有显著的影响。具体而言，随着宏观经济不确定性的提高，货币供给量 M2 冲击对三大产业影响无论在影响程度还是在影响时间上都发生了变化。其中，对第一产业的影响依然很小，与不考虑宏观经济不确定性基本一致；对第二产业的影响很大，具体来说，宏观经济不确定性能够很大程度减弱货币供给量 M2 对第二产业的影响，同时也大幅度减少影响的时间；对第三产业影响比较大，但是没有对第二产业的影响大。最后，宏观经济不确定性对价格型货币政策的产业结构调整效应具有显著的影响。具体而言，随着宏观经济不确定性的提高，利率冲击对三大产业影响无论在影响程度还是在影响时间上都发生了变化。其中，对第一产业的影响依然很小，与不考虑宏观经济不确定性基本一致；对第二产业的影响很大，具体来说，宏观经济不确定性能够很大程度减弱利率对第二产业的影响，同时也大幅度减少影响的时间；对第三产业影响比较小，但是加快了利率冲击对第三产业影响的速度（很快达到峰值），减少了影响时间。

第四，研究了在宏观经济不确定性较高时，结构性货币政策对微观经济结构的优化。首先，相较于传统货币政策工具，结构性货币政策工具在缓解民营企业和中小企业融资约束方面更加有效，其中抵押补充贷款、常备借贷便利效果最为显著，但政策效果表现出明显的时滞特征；定向降准政策效果具有不稳定性；中期借贷便利操作并不能缓解民营企业和中小企业融资约束。各类结构性货币政策工具都没有对国有企业、大型企业的融资约束产生显著影响。其次，采用投资—现金流敏感系数作为融资约束的替代指标对不同结构性货币政策工具与特征企业融资约束的关系进行再检验，发现上述结果依然稳健。最后，不同结构性货币政策工具的传导渠道存在差异且传导渠道的畅通情况也不尽相同。定向降准、中期借贷便利的微观有效性较弱，无法缓解企业融资约束，说明其传导渠道受阻；而常备借贷便利的信用风险渠道、银行信贷渠道均有效，且银行信贷渠道的作用更大；抵押补充贷款主要通过银行信贷渠道实现定向调控，并不经由信用风险渠道发挥作用。

二、研究的局限性

尽管本书重点研究了宏观经济不确定性对货币政策结构调整功能的影响，但是本书的研究仍然存在如下局限性，有待进一步的探讨。

第一，本书在研究宏观经济不确定性对货币政策结构调整功能的影响是，仅从产业结构和收入结构两种视角进行了实证研究，而经济结构不仅仅只有以上两种结构。这一问题的全面思考可以作为未来的研究方向。

第二，本书在研究宏观经济不确定性对结构性货币政策有效性的影响时，由于结构性货币政策实施时间比较短，没有足够的数据进行全面研究，只能研究其在高宏观经济不确定性时，是否能够缓解民营企业和中小企业融资难和融资贵等问题。这一问题能在结构性货币政策实施足够长之后进行研究。

第一章

宏观经济不确定性及其测度

在经济不确定性变得越来越重要的环境下，如何测度宏观经济不确定性就显得非常重要，本章通过 FAVAR 模型构建宏观经济不确定性指数，并验证了其对宏观经济总量的影响。

第一节　宏观经济不确定性的基本内涵

奈特（1921）将不确定性定义为"人们无法预测未来事件的可能性"。那么"风险"和"不确定性"有什么区别呢？首先区分"风险"和"不确定性"的是奈特，他主要以"主观概率"和"客观概率"来区分风险和不确定性。"风险"的概率是可以预测到的，可以通过保险来转移。而"不确定性"则是客观概率完全不可知，产生利润的原因是不确定性的存在，在完全竞争的确定性环境中，就没有利润，企业家如何获得更多的利润主要取决于如何应对不确定性。有些研究混淆了不确定性与风险的差异，将波动性等一些可观测的风险指标作为不确定性的代理变量，也就是将风险视为不确定性。现代经济和金融可以应对风险，计算出的保费是衡量风险的一种方法。如果市场波动可以用模型来衡量，那么这些就是风险。它们可以通过风险管理来解决，严格地说，风险管理不是不确定性。因此，把握"不可预测性"的特征是衡量不确定性的合理尺度，排除可预测的风险，不确定性是不可预测的部分。

衡量经济不确定性的关键是厘清不确定性的相关变量以及如何提取经济不确定性的构成要素。从现有的研究来看，衡量宏观经济不确定性的方法可分为四类：即金融市场波动法、专家调查预测法、预测误差法和新闻媒体信息挖掘法。以上四种方法大多是通过寻找替代不确定性的指标来间接衡量宏观经济的不确定性。这些不确定性替代指标为理解不确定性提供了重要途径，但学术界尚未就其估计结果达成共识（吉尔，2017）。特别是，金融市场波动率法（布鲁姆，2009）将不确定性与其他概念（如金融风险）混合起来，估计结果并不反映宏观经济的不确定性。楚里（2017）认为采用替代指标的不确定性估计存在系统替代偏差，估计结果的解释和可靠性相对不足。

事实上，不确定性来自宏观经济活动。经济运行的主体和部门通过宏观经济活动相互联系、相互扩散，产生机制和内部关系复杂。对不确定性本身的研究无法避免经济行为的内生性（布鲁姆，2009；巴赫曼，2013）。它在一定程度上反映了经济过程的复杂性，避免了替代变量的系统误差。加拉多（2015）将宏观经济的不确定性定义为不可观测成分的条件波动，总体不确定性为各指标系列不确定性的加权和。在动态因素的框架下，从大量的统计指标中直接分解条件波动率的组成部分，提取不确定性。但需要注意的是，加拉多（2015）使用了美国月度宏观经济统计数据，忽略了反映宏观经济运行基本情况的 GDP 等季度指标。

第二节　宏观经济不确定性指数的测度

一、宏观经济不确定性指数的测度方法

本书参考加拉多等（2015）[①] 对不确定性指数的构建方法。首先本书将经济不确定性指数进行定义。

$y_{jt} \in Y_t = (y_{1t}, y_{2t}, \cdots, y_{N_t})'$ 为本书所选取的用于预测各个指标预测值的向量的其中一个指标序列，将 y_{jt} 序列的条件波动率记为 $v^y_{jt}(h)$，根据条件波动率的算法，其具体形式如下：

$$v^y_{jt}(h) \equiv \sqrt{E\big[(y_{jt+h} - E[y_{jt+h} \mid I_t])^2 \mid I_t\big]} \qquad (1-1)$$

本书所要构建的经济不确定性指数（EU，Economic Uncertainty）则可以通过对这些每个指标序列赋予权重 w_j 求得其加总的条件波动率。

$$ESAI_{t+h} \equiv v^y_t(h) \equiv plimN_y \to \infty \sum \sum_{j=1}^{N_t} w_j v^y_{jt}(h) \equiv E_w\big[v^y_{jt}(h)\big]$$

本书的基本计量经济学框架如下：

（1）基准预测模型

首先本书需要通过预测模型得到各个指标的预测值，以此替换(1-1)式中的条件均值，由此得到的残差项作为当前指标不可预测的部分，也是本书经济不确定性指数（EU，Economic Uncertainty）的估算基础。本书选用的标准方法，K 个前定解释变量，这里记作 $K \times 1$ 的向

---

① 该方法能较好地解决常用的波动性或者风险等代理指标对经济不确定性的高估，更接近对经济不确定性本身的测度。

量 W_t，然后对以下标准模型进行估计：

$$y_{t+1} = \beta' W_t + \varepsilon_{t+1} \qquad (1-2)$$

通过最小二乘估计，可以得到 y_t 序列下一期的估计值 $\hat{y}_{t+1|t} = \hat{\beta}' W_t$，这里的 $\hat{\beta}$ 是模型系数 β 的最小二乘估计结果。

（2）遗漏变量问题与共同因子

该模型可能会存在遗漏变量的问题，如可能遗漏的金融市场的信息。事实上，斯托克和沃特森（2006）对经济活动和金融市场收益率进行过大量模型预测，发现加入用较大规模的数据集估计的共同因子时，模型的预测效果会得到明显提升。

为了解决这个问题，本书同样采用大量经济时间序列用 FAVAR 模型得到少数几个共同因子，然后将其加入标准模型中，提升对各个指标的预测值进行估计。预期遗漏变量问题能有效地通过加入共同因子得到缓解。

首先定义向量 $X_t = (X_{1t}, X_{2t}, \cdots, X_{Nt})'$，$X_t$ 已经通过取对数和差分等适当处理变成平稳序列，假设序列 X_{it} 包含共同因子 F_t，满足如下的形式：

$$X_{it} = \Lambda_i^{F'} F_t + e_{it}^X$$

这里 F_t 是一个 $r_F \times 1$ 向量，是向量 X_t 的潜在共同因子，相应地，$\Lambda_i^{F'}$ 是 $r_F \times 1$ 潜在共同因子的载荷，e_{it}^X 则是异质性残差向量。在一个接近的动态因子结构下，e_{it}^X 允许存在有限的横截面相关。重要的是，共同因子的个数 r_F 一定小于 X_t 的序列个数 N。

（3）加入共同因子的预测模型

因此将共同因子带入基准模型可以得到：

$$y_{jt+1} = \varphi_j^y(L)y_t + \gamma^F(L)\dot{F}_t + \gamma_j^W(L)W_t + v_{jt+1}^y$$

由于因子具有自回归的动态结构，因此本书将该模型通过矩阵变换写成一个更紧凑的表达式，构成一个 FAVAR 结构：

$$\begin{pmatrix} Z_t \\ Y_{jt} \end{pmatrix} = \begin{pmatrix} \underset{qr\times qr}{\Phi^Z} & \underset{qr\times q}{0} \\ \underset{q\times qr}{\Lambda'} & \underset{q\times q}{\Phi_j^Y} \end{pmatrix} \begin{pmatrix} Z_{t-1} \\ Y_{jt-1} \end{pmatrix} + \begin{pmatrix} V_t^Z \\ V_{jt}^Y \end{pmatrix}$$

$$Y_{jt} = \Phi_j^Y Y_{jt-1} + V_{jt}^Y$$

$$E_t Y_{jt+h} = (\Phi_j^Y)^h Y_{jt}$$

预测误差项的方差为

$$\Omega_{jt}^Y(h) \equiv E_t[(Y_{jt+h} - E_t Y_{jt+h})(Y_{jt+h} - E_t Y_{jt+h})']$$

当 $h = 1$ 时，

$$\Omega_{jt}^Y(1) \equiv E_t(V_{jt+1}^Y V_{jt+1}^Y{}')$$

当 $h > 1$ 时，Y_{jt+h} 预测误差项的方差演进过程为：

$$\Omega_{jt}^Y(h) = \Phi_j^Y \Omega_{jt}^Y(h-1)\Phi_j^Y{}' + E_t(V_{jt+h}^Y V_{jt+h}^Y{}')$$

因此当 $h \to \infty$ 时，预测的结果是无条件均值，且预测误差项的方差是 Y_{jt} 的无条件方差。这意味着 $\Omega_{jt}^Y(h)$ 随着时间间隔 h 的变长，偏离程度会越来越小。

本书所关心的 $v_{jt}^y(h)$，就是预测模型残差项的标准差，即 $\Omega_{jt}^Y(h)$ 的平方根。

即 $v_{jt}^y(h) = \sqrt{1_j'\Omega_{jt}^Y(h)1_j}$

为了得到本书所关心的经济结构调整指数，需要对每个指标所计算的结构偏离程度取加权平均值：

$$U_{t+h} \equiv v_t^y(h) = \sum_{j=1}^{N_t} w_j v_{jt}^y(h)$$

二、数据来源和样本选择

根据以上测度方法，本章主要采用了 56 个中国宏观经济指标（具体见表 1-1）用于测度宏观经济不确定性，其中 54 个为月度数据，而国内生产总值 GDP，第一产业产出 AGR，第二产业产出 IND 和第三产业产出 SER 这四个指标为季度数据，为了保证数据的一致性。本章使用混频的方法，将所有数据变为月度数据。本文采用了高华川、白仲林（2016）提出的 EM 算法，估算出内生产总值 GDP，第一产业产出 AGR，第二产业产出 IND 和第三产业产出 SER 这四个指标的月度数值。

表 1-1 经济不确定性指数构建指标选取

GDP 月度环比增速	出口额
第一产业 GDP 月度环比增速	出口增长率
第二产业 GDP 月度环比增速	进口额
第三产业 GDP 月度环比增速	进口增长率
经济景气指数	规模以上工业增加值增长率（%）
股市平均回报率	规模以上工业增加值增长率——国有及国有控股企业（%）
农林牧渔业市盈率（%）	规模以上工业增加值增长率——集体企业（%）
采掘业市盈率（%）	规模以上工业增加值增长率——股份制企业（%）
制造业市盈率（%）	规模以上工业增加值增长率——外商及港澳台商投资企业（%）
电力、煤气及水的生产和供应业市盈率（%）	工业生产者出厂价格涨幅（%）
建筑业市盈率（%）	工业生产者出厂价格涨幅——生产资料（%）
交通运输、仓储业市盈率（%）	工业生产者出厂价格涨幅——生活资料（%）

信息技术业市盈率（%）	房地产开发投资
批发和零售贸易业市盈率（%）	房地产开发投资——住宅
金融、保险业市盈率（%）	房地产开发投资（累计同比增长）（%）
房地产业市盈率（%）	房地产开发投资——住宅（累计同比增长）（%）
社会服务业市盈率（%）	货币和准货币（M2）
传播与文化产业市盈率（%）	货币（M1）
综合类市盈率（%）	流通中现金（M0）
财政收入	同比增长——货币和准货币（M2）
财政收入增长率	同比增长——货币（M1）
财政支出	同比增长——流通中货币（M0）
财政支出增长率	CPI 月度指数
发电量	PPI 月度指数
固定资产投资	制造业采购经理指数
社会零售额	生产指数
社会零售额增长率	原材料库存指数
进出口增长率	从业人员指数

三、混频 EM 算法

（一）混频因子模型

混频因子模型是采用不同抽样频度变量构成的因子模型。因为在宏观经济变量中，月度数据和季度数据比较常见，也基本上能够反映宏观经济运行的基本状况，因此，本书主要讨论研究如何将月度数据和季度数据纳入同一因子模型，构建混频因子模型。为了达到这一目的，本书首先研究了月度数据和季度数据之前的联系。

参照马里亚诺和村泽（2003）环比增长率的构造方法，以及郑挺国和王霞（2013）同比增长率的构造方法，我们发现，对于时间序列变量，可以将季度观测值赋给每个季度的最后一个月，也就是将季度数据序列可以认为是含有缺失值的月度数据序列。所以，若 Y_t^Q 表示季度数据，那么，当 $t = 3$，6，9，$\cdots$时，Y_t^Q 有观测值，则其他月份的 Y_t^Q 为缺失值。此外，如果 Y_t^M 是对应 Y_t^Q 的不可观测的月度变量，那么：

$$Y_t^Q = Y_t^M + Y_{t-1}^M + Y_{t-2}^M = 3 \left[\frac{1}{3} (Y_t^M + Y_{t-1}^M + Y_{t-2}^M) \right] \quad (1-3)$$

即月度变量是季度变量的 1/3，如果用几何平均值近似的表示算数平均值，那么：

$$Y_t^Q = 3 (Y_t^M Y_{t-1}^M Y_{t-2}^M)^{\frac{1}{3}} \quad (1-4)$$

对式（1-3）两边取对数，然后作 12 阶差分处理，可得：

$$\ln Y_t^Q - \ln Y_{t-12}^Q = \frac{1}{3} \left[(\ln Y_t^M - \ln Y_{t-12}^M) + (\ln Y_{t-1}^M - \ln Y_{t-13}^M) + \right.$$

$$\left. (\ln Y_{t-2}^M - \ln Y_{t-14}^M) \right] \quad (1-5)$$

设 $y_t^Q = \ln T_t^Q - \ln Y_{t-12}^Q$ 为季度变量在 t 月的同比增长率，$y_t^M = \ln Y_t^M - \ln Y_{t-12}^M$ 为月度变量在 t 月份的同比增长率，可得：

$$y_t^Q = \frac{1}{3} (y_t^M + Y_{t-1}^M + y_{t-2}^M) \quad (1-6)$$

因此，季度变量同比增长率为相应月度变量同比增长率的算数平均值。

假设 x_t 是 N_1 个可观测月度变量组成的向量，x_t^Q 是 N_2 个季度变量组成的向量，如果 x_t^M 是对应于 x_t^Q 的不可观测的月度变量的向量，则可构建动态因子模型：

$$\begin{pmatrix} x_t \\ x_t^M \end{pmatrix} = \begin{pmatrix} \Lambda \\ \Lambda_m \end{pmatrix} F_t + \begin{pmatrix} e_t \\ e_t^M \end{pmatrix} \tag{1-7}$$

$$B(L)F_t = \varepsilon_t \tag{1-8}$$

其中，F_t 为 $r \times 1$ 维共同因子；e 和 e_t^M 称为异质性部分；$B(L)$ 为由 p 阶滞后算子多项式组成的 $r \times r$ 维矩阵；Λ 和 Λ_m 分别为 $N_{1 \times r}$ 维、$N_{2 \times r}$ 维载荷系数矩阵。假定 $e_t \sim$ i. i. d. N $(0, \sum_1)$，$e_t^M \sim$ i. i. d. N $(0, \sum)$，$\varepsilon_t \sim$ i. i. d. N $(0, \sum)$。由于 x_t^M 不可观测，上述模型不能直接估计，考虑将式（1-6）中的 x_t^M 根据式（1-4）用 x_t^Q 替换可得：

$$\begin{pmatrix} x_t \\ x_t^Q \end{pmatrix} = \begin{pmatrix} \Lambda & 0 & 0 \\ (1/3)\Lambda_m & (1/3)\Lambda_m & (1/3)\Lambda_m \end{pmatrix} \begin{pmatrix} F_t \\ F_{t-1} \\ F_{t-2} \end{pmatrix} + \begin{pmatrix} 1 & 0 & 0 & 0 \\ 0 & 1/3 & 1/3 & 1/3 \end{pmatrix} \begin{pmatrix} e_t \\ e_t^M \\ e_{t-1}^M \\ e_{t-2}^M \end{pmatrix}$$

$$\tag{1-9}$$

式（1-9）和式（1-8）组成的模型为混频近似动态因子模型。

另外，如果不施加式（1-8）的 VAR（p）过程的约束，则式（1-9）即为混频近似因子模型。混频近似因子模型更具灵活性。例如，当设定共同因子 F_t 服从马尔科夫转换自回归过程时，可以运用这种混频 MS-DFM 模型分析我国宏观经济波动的周期性。

（二）混频近似因子模型极大似然估计的 EM 算法

由于混频近似因子模型公式（1-9）不仅具有不可观测的月度公共同因子，而且没有对公因子设置状态方程（1-8），因此，很难用状态空间和卡尔曼滤波算法进行估计。因此，本书给出了混频近似因子模型（1-9）的最大似然估计的 EM 算法。

登普斯特等（1977）首次提出了最大似然估计的 EM 算法，沃特森和恩格尔（1983）首次使用 EM 算法进行 DFM 估计，斯托克和沃特森（2002）使用 EM 算法对缺失值 DFM 进行估计。EM 算法的基本思想是计算期望似然函数并使期望似然函数最大化。其中，E 步（Expectation）是根据前一次迭代得到的参数估计，在信息完全的情况下计算期望似然函数；M 步（最大化）是最大化最大似然函数，更新参数。EM 算法已广泛应用于隐变量测量模型的数据缺失值插值和参数估计。

对于 DFM 模型：

$$X_t = \Lambda F_t + e_t$$

Bai 和 Ng（2002）证明 F 和 Λ 的主成分估计量使得残差平方和：

$$V(F,\Lambda) = \sum_{i=1}^{N} \sum_{t=1}^{T} (X_{it} - \lambda_i F_t)^2$$

最小化，其中 $F = (F_1, \cdots, F_T)'$，λ_i 为因子载荷矩阵 Λ 的第 i 行向量。也就是在 X_{it} 不存在缺失值的情况下，主成分估计量等价于最小二乘估计量。而当 X_{it} 含有缺失值时，最小化目标函数：

$$V^*(F,\Lambda) = \sum_{i=1}^{N} \sum_{t=1}^{T} I_{it} (X_{it} - \lambda_i F_t)^2$$

即可得到 F_t 和 Λ 的最小二乘估计量，其中，若 X_{it} 为缺失值，则 $I_{it} = 0$，否则，$I_{it} = 1$。

显然，若 $X_{it} \sim N(\lambda_i F_t, 1)$，则 V（F，Λ）与样本

$\{X_{it} \mid i = 1, \cdots, N; t = 1, \cdots, T\}$ 的对数似然成比例，于是，因子模型的最小二乘估计等价于极大似然估计。

假定 EM 算法已经迭代了 j 次，得到估计量 $\hat{\Lambda}$ 和 $\hat{F}_t$，则第 j + 1 次迭代的步骤如下：

设

$$Q^*(X^*, \hat{F}, \hat{\Lambda}, F, \Lambda) = E_{\hat{F}, \hat{\Lambda}}[V(F, \Lambda) \mid X^*] \qquad (1-10)$$

其中，X^* 表示已经填补了缺失值的完全数据集，$E_{\hat{F}, \hat{\Lambda}}[V(F, \Lambda) \mid X^*]$ 表示似然函数 $V(F, \Lambda)$ 在完全数据下的条件期望在 $(\hat{F}, \hat{\Lambda})$ 处的取值。另外：

$$Q^*(X^*, \hat{F}, \hat{\Lambda}, F, \Lambda) = \sum_{i=1}^{N} \sum_{t=1}^{T} [E_{\hat{F}, \hat{\Lambda}}(X_{it}^2 \mid X^*) + $$
$$(\lambda_t F_t)^2 - 2\hat{X}_{it}(\lambda_t F_t)] \qquad (1-11)$$

其中，$\hat{X}_{it} = E_{\hat{F}, \hat{\Lambda}}(X_{it}^2 \mid X^*)$ 说明在第 j + 1 次迭代中 X_{it} 的缺失值可以由观测数据和第 j 次迭代中估计值 $\hat{F}$ 和 $\hat{\Lambda}$ 的条件均值进行插补。

并且，公式（1 – 11）右侧第一项 $E_{\hat{F}, \hat{\Lambda}}(X_{it}^2 \mid X^*)$ 与 F 和 Λ 无关，可替换为 $\sum_{i=1}^{N} \sum_{t=1}^{T} \hat{X}_{it}^2$。因此，公式（1 – 10）最小化 $\hat{V}(F, \Lambda) = \sum_{i=1}^{N} \sum_{t=1}^{T} (\hat{X}_{it} - \lambda_t F_t)^2$ 可以得到最小化的 F 和 Λ，也就是说，利用完全数据的主成分估计方法可得到第 j + 1 次迭代中 F 和 Λ 的估计量。此外，EM 算法的初始值可根据 X_{it} 的某个完全数据子集的主成分估计量得到。

因此，对于本书讨论的混频近似因子模型式（1 – 9），混频近似因子模型极大似然估计的 EM 算法的迭代过程如下。

（1）初始化

设 X 为原始样本数据，它包含有由月度变量和季度变量所组成有缺失值的原始样本数据。如果原始样本数据中包含某个完全数据子集 $\check{X}$，则 $\check{X}$ 可以通过主成分的估计作为迭代的初始值。也可以采用其他方法对缺失值进行插值得到完整数据 $\tilde{X}^{(0)}$，并将基于此完全数据的主成分估计量 $\hat{F}_T^{(0)}$ 和 $\hat{\Lambda}^{(0)}$ 作为算法初始值。

（2）第 $j+1$ 次迭代的 EM 算法

设 $\hat{F}_t^{(j)}$ 和 $\hat{\Lambda}^{(j)}$ 为第 j 次迭代中得到的估计量，$\hat{\lambda}_i^{(j)}$ 为 $\hat{\Lambda}^{(j)}$ 的第 i 行向量。那么第 $j+1$ 次迭代为：

E 步：构造不存在缺失值的完全数据 $\tilde{X}^{(j+1)}$，即处理混频与缺失值问题。

缺失值：若观测到 X_{it}，则令 $\tilde{X}_{it}^{(j+1)} = X_{it}$，否则令 $\tilde{X}_{it}^{(j+1)} = \hat{\lambda}_i^{(j)} \hat{F}_t^{(j)}$

混频：由式（1-9）可以令 $\hat{E}_{it}^{(j)} = X_{it} - (1/3) \hat{\lambda}_i^{(j)} (\hat{F}_t^{(j)} + \hat{F}_{t-1}^{(j)} + \hat{F}_{t-2}^{(j)})$，其中当 $t=1$，2，3，时，则 $t=3$，当 $t=4$，5，6 时，则 $t=6$，等等以此类推。然后，令 $\tilde{X}_{it}^{(j+1)} = \hat{\lambda}_i^{(j)} \hat{F}_t^{(j)} + \hat{E}_{it}^{(j)}$，$t=1$，2，4，5，7，8…

□记 $\tilde{X}^{(j+1)}$ 为第 $j+1$ 迭代得到的完全数据。

M 步：对 $\tilde{X}^{(j+1)}$ 进行主成分估计得到因子及其载荷矩阵的新估计量 $\hat{F}_t^{(j+1)}$ 和 $\hat{\Lambda}^{(j+1)}$。

（3）迭代终止条件。

当最后两次迭代的残差平方和之差小于某一个很小的绝对收敛 ζ（例如，$\zeta = 10-6$）时，迭代终止。显然，混频近似因子模型的 EM 迭代估计方法充分利用变量间协同变化的信息，实现了缺失值插值，具有坚实的经济理论基础。另外，由于 EM 算法不涉及非线性优化算法，迭代收敛速度快，因此，本书提出的 EM 估计方法也适用于高维混合因子模型的估计。

第三节　中国宏观经济不确定性指数

一、宏观经济不确定性指数的估计结果

本书首先通过混频 EM 算法，估计出国内生产总值 GDP，第一产业产出 AGR，第二产业产出 IND 和第三产业产出 SER 的月度数据的估计值。然后利用 FAVAR 模型和蒙特卡罗模拟等方法，构建出我国宏观经济不确定性指数。图 1 - 1 描述了我国的宏观经济不确定性指数的变动情况。

如图 1 - 1 所示，我国宏观经济不确定性存在几个相对较高的时期：2007 年至 2008 年，2009 年底至 2010 年上半年，2015 年及 2016 年上半年。与实际情况相比，发现每个相对高点时段往往对应着重大事件的发生。2007 年底至 2009 年初，在国际金融危机、北京奥运会和国内自然灾害频发的背景下，宏观调控政策不断出台，宏观经济不确定性持续上升。宏观经济不确定性指数在 2008 年连续上升后达到峰值，随后逐渐下降。2010 年是国际金融危机后中国经济的重要转折点。当年国际金融危机后，国内生产总值、工业增加值等重要指标增速达到高点，随后经济增速开始下降。面对 2010 年的通胀势头，危机后首次加息政策出台，相应的宏观经济不确定性在危机后达到较高水平。2010 年以后，随着世界经济进入低速增长的调整周期，我国经济发展逐步进入"L"型增长的新常态阶段。宏观经济已从强调有效需求不足和危机管理转向强调潜在供给能力下降和结构性改革。随着政策调整和股市崩盘，2015

图1-1 宏观经济不确定性指数

年宏观经济不确定性达到危机后的第二个峰值，然后开始下降。2015年9月，中央政府提出国有企业改革顶层设计方案。2015年底，亚投行成立，人民币纳入SDR一篮子货币。2016年初至2017年9月，我国宏观经济不确定性呈现稳中有升的态势。

从该指数的形态来看，基本满足以下两个特点：

1. 逆周期性。经济不确定性的上升过程一般会伴随经济活动出现一定程度的衰退，只有当经济不确定性到合理水平，如短期经济结构性失衡程度小，偏离均衡经济结构程度较小的情况下，经济活动才会复苏；或者通过一些结构性改革措施，消除经济中的扭曲因素，降低结构性扭曲程度，才能实现全要素生产率的提升。因此，本书所构建的不确定性指数应当与经济活动之间呈现一定的负相关关系，或者说经济不确定性指数具有一定的逆周期性。

2. 影响的持久性。与一般的冲击不一样，经济的结构性问题一般被认为具有一定的持久效应，对经济政策调整的要求更高。经济不确定性指数作为反映当前经济结构性问题严重程度的一项指标，该指数对经济活动影响的持久性是一个重要的参考指标。因此，本书在经济不确定性指数构建以后，检验该指数对经济活动的影响，结果发现具有明显的持久性，满足该条件，说明本书所构建的指数能较好地反应经济结构问题的情况。

二、宏观经济不确定性指数与其他不确定性指数的比较

目前，国内外主流文献普遍认为，经济不确定性源于经济参与机构和个人目前的观点与预期的观点不一致。经济学家们对经济不确定性、经济运行与经济政策之间的关系做了大量的研究。国外关于经济不确定性的测量方法及其对经济的影响的文献很多。目前，主流的方法有：布鲁姆（2009）采用股票波动率指数作为经济不确定性的代理度量指标；加拉多（2015）将经济计量指标的误差方差作为经济不确定性的指标；贝克（2015）将媒体上某一主题的文章数量作为经济不确定性的指标代理。

本书主要是在加拉多等（2015）的基础上，构建了中国宏观经济不确定性指数。所以本书主要分析宏观经济不确定性指数与股市波动率VIX和经济政策不确定性之间关系和优劣。

（一）宏观经济不确定性指数与经济政策不确定性指数

贝克（2015）通过统计一段时间内报纸上含有以经济政策不确定

性为关键字的文章数量的方法，建立了经济政策不确定性指数。所以经济政策不确定性是用来反映宏观经济政策的变动情况，并不等同于宏观经济的不确定性。同时，经济政策不确定带有强烈的主观色彩，他是反应经济政策制定当局对宏观经济状况的判断。最后，经济政策不确定性代理指标比较单一，很难完全反映整个宏观经济状况。

图 1-2 是宏观经济不确定性和经济政策不确定的趋势对比。从图 1-2 中我们能够看出，中国经济政策不确定性存在几个相对较高的时期：即 2008 年下半年到 2009 年、2011 年底到 2012 年上半年、2016 年中和 2017 年上半年。我们可以发现，经济政策不确定性相对都明显滞后于宏观经济不确定性，也就说，很有可能是因为政策当局在识别到宏观经济不确定性之后，根据宏观经济不确定性的变化，来制定相关政策来应对宏观经济出现的变化。也即经济政策不确定是因为宏观经济不确定性变化被动产生的。同时我们还可以发现，经济政策不确定性在 2008 年金融危机时的峰值远远小于后面两次的峰值，而且是一个逐步升高的过程。这很有可能是因为我国政策当局对于宏观经济不确定性的重视程度在不断提高，识别宏观经济不确定性的能力在不断提高，应对宏观经济不确定性的工具也更加丰富。

综上所述，经济政策不确定更多是反映各国经济政策的变化，而不能完全反映宏观经济不确定性。同时，经济政策不确定性很有可能是政策当局根据宏观经济不确定性做出的被动反应。

（二）宏观经济不确定性指数与股指波动率

布鲁姆（2009）通过对股票市场波动序列的处理，将其作为经济不确定性的代理指标，用向量自回归模型（VAR）分析了经济活动和不确定性间的关系，最后得到股市波动率——VIX 指数（Volatility In-

图 1－2 宏观经济不确定性和经济政策不确定的比较

资料来源：经济政策不确定性来源于 http：//www.policyuncertainty.com/。

dex）。

股票市场一般被认为是一国经济发展的晴雨表，但这一般是对于发达国家来说的，对于发展中国家来说，由于资本市场的不完善，以及投资主要是个人投资（个人投资者投资的非理性），从而导致发展中国家的股市很难完全反映国家的经济发展情况。而我国是发展中国家，我国股票市场很难反映宏观经济的发展状况。

图 1－3 是我国宏观经济不确定性和股市波动率 VIX 的变化趋势图。从图 1－3 中，我们可以发现 VIX 的几个相对高点与宏观经济不确定性指数相吻合，但是 VIX 不能有效反映出经济不确定性程度。因为从图

中可以看出，2007—2008 年、2010—2011 年，2015—2016 年三个相对
高点的高度基本一样，说明 VIX 很难反映宏观经济不确定性的具体
程度。

综上所述，股市波动率 VIX 由于我国资本市场的不完善，不能完
全反映整个经济的不确定性。同时 VIX 与宏观经济不确定性指数相比，
VIX 可以反映经济不确定变化时间，但是不能反映宏观经济不确定性的
具体程度。

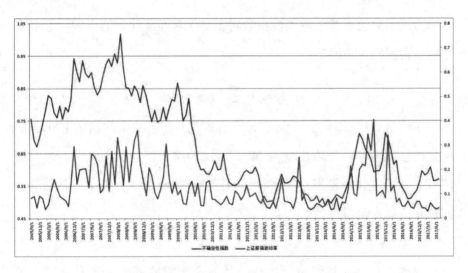

图 1 - 3 宏观经济不确定性和股市波动率 VIX 的比较

三、宏观经济不确定性指数对宏观经济的影响

经济不确定性的上升过程一般会伴随经济活动出现一定程度的衰
退，只有当经济不确定性到合理水平，如短期经济结构性失衡程度小、
偏离均衡经济结构程度较小的情况下，经济活动才会复苏；或者通过一
些结构性改革措施，消除经济中的扭曲因素，降低结构性扭曲程度，才

能实现全要素生产率的提升。因此，本书所构建的不确定性指数应当与经济活动之间呈现一定的负相关关系，或者说经济不确定性指数具有一定的逆周期性。

为了验证宏观经济不确定性指数的逆周期性，本书采用向量自回归模型（VAR）分析了宏观经济不确定性指数与主要宏观经济变量之间的关系。

（一）模型设计

为了研究宏观经济不确性指数对主要宏观经济变量的影响，本书采用向量自回归 Var 模型：

$$y_t = b_0 + \sum_{p=1}^{p} b_p y_{t-p} + u_t \qquad (1-12)$$

在模型（1-12）中，向量 y_t 含有宏观经济不确定性指数 UNC，国内生产总值 GDP，货币供应量 M2、居民消费价格指数 CPI、工业增加值 IP、社会零售品销售总额 cons、固定资产投资 INV、进出口总额 limx 和就业指数 emp 等变量。

（二）宏观经济不确定性对主要宏观经济变量的影响

观察图 1-4，我们可以发现，从冲击影响的程度上来看，一个正向的 1 个单位的宏观经济不确定性的冲击，会使得经济产出 GDP 降低 0.08 个单位。说明当宏观经济不确定性提升时，会使得经济产出 GDP 减少。从冲击响应时间上来看，宏观经济不确定性冲击在第 2 期时达到了最大峰值，然后冲击效应开始逐渐减弱，一直到第 10 期冲击的影响回归稳态。也就是，宏观经济不确定性指数对国内生产总值 GDP 产生了逆向影响。

观察图 1-5，我们可以发现，从冲击影响的程度上来看，一个正

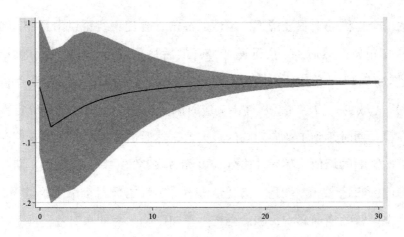

图1-4　宏观经济不确定性指数对 GDP 的影响

　　说明：本图由 stata14 软件输出得到，输出结果中纵轴标度显示部分小数点前的 0 被省略了，如".1"表示为"0.1"。

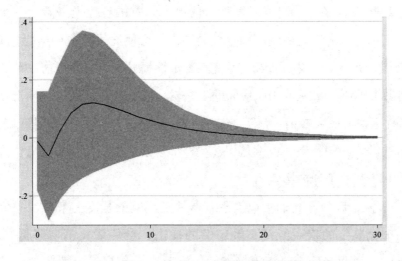

图1-5　宏观经济不确定性指数对货币供给量 M2 的影响

　　说明：本图由 stata14 软件输出得到，输出结果中纵轴标度显示部分小数点前的 0 被省略了，如".1"表示为"0.1"。

39

向的 1 个单位的宏观经济不确定性的冲击，会使得货币供给量 M2 降低 0.04 个单位，然后 M2 会迅速增加，最后达到峰值，使得货币供给量 M2 增加 0.12 个单位。说明当宏观经济不确定性提升时，会使货币供给量 M2 先减少，后增加。从冲击响应时间上来看，宏观经济不确定性冲击在第 2 期时达到了逆向影响的最大值，然后迅速提高，在第 6 期时达到正向影响的峰值，随后冲击效应开始逐渐减弱，一直到第 18 期冲击的影响回归稳态。也就是，宏观经济不确定性指数对货币供给量 M2 会有一个短暂的逆向影响，随后会产生正向影响。为什么宏观经济不确定性指数对货币供给量 M2 有一个正向的影响呢？这很可能是因为，随着宏观经济不确定性的提高，货币政策当局会实施逆周期调控，从而导致 M2 不降反升。

观察图 1-6，我们可以发现，从冲击影响的程度上来看，一个正向的 1 个单位的宏观经济不确定性的冲击，会使居民消费价格指数 CPI 降低 0.2 个单位。说明当宏观经济不确定性提升时，会使得居民消费价格指数 CPI 减少。从冲击响应时间上来看，宏观经济不确定性冲击在第 5 期时达到了最大峰值，然后冲击效应开始逐渐减弱，一直到第 25 期冲击的影响回归稳态。也就是，宏观经济不确定性指数对居民消费价格指数 CPI 产生了逆向影响。

观察图 1-7，我们可以发现，从冲击影响的程度上来看，一个正向的 1 个单位的宏观经济不确定性的冲击，会使居民消费降低 0.28 个单位。说明当宏观经济不确定性提升时，会使居民消费减少。从冲击响应时间上来看，宏观经济不确定性冲击在第 5 期时达到了最大峰值，然后冲击效应开始逐渐减弱，一直到第 18 期冲击的影响回归稳态。也就是，宏观经济不确定性指数对居民消费产生了逆向影响。

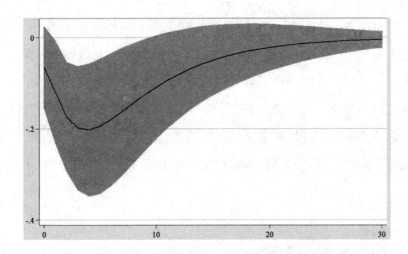

图 1−6 宏观经济不确定性指数对居民消费价格指数 CPI 的影响

说明：本图由 stata14 软件输出得到，输出结果中纵轴标度显示部分小数点前的 0 被省略了，如".1"表示为"0.1"。

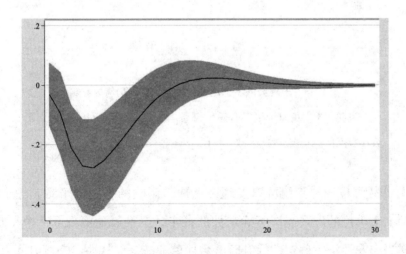

图 1−7 宏观经济不确定性指数对消费的影响

说明：本图由 stata14 软件输出得到，输出结果中纵轴标度显示部分小数点前的 0 被省略了，如".1"表示为"0.1"。

观察图 1 - 8，我们可以发现，从冲击影响的程度上来看，一个正向的 1 个单位的宏观经济不确定性的冲击，会使工业增加值降低 0.64 个单位。说明当宏观经济不确定性提升时，会使工业增加值减少。从冲击响应时间上来看，宏观经济不确定性冲击在第 2 期时达到了最大峰值，然后冲击效应开始逐渐减弱，一直到第 8 期冲击的影响回归稳态。也就是，宏观经济不确定性指数对工业增加值产生了逆向影响。

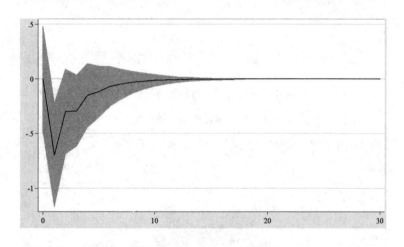

图 1 - 8　宏观经济不确定性指数对工业增加值的影响

说明：本图由 stata14 软件输出得到，输出结果中纵轴标度显示部分小数点前的 0 被省略了，如 ".1" 表示为 "0.1"。

观察图 1 - 9，我们可以发现，从冲击影响的程度上来看，一个正向的 1 个单位的宏观经济不确定性的冲击，会使就业降低 0.4 个单位。说明当宏观经济不确定性提升时，会使就业减少。从冲击响应时间上来看，宏观经济不确定性冲击在第 2 期时达到了最大峰值，然后冲击效应开始逐渐减弱，一直到第 5 期冲击的影响回归稳态。也就是，宏观经济不确定性指数对就业产生了逆向影响。

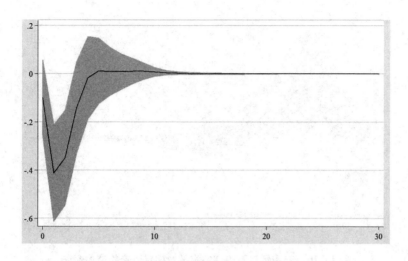

图 1 - 9 宏观经济不确定性指数对就业的影响

说明：本图由 stata14 软件输出得到，输出结果中纵轴标度显示部分小数点前的 0 被省略了，如".1"表示为"0.1"。

观察图 1 - 10，我们可以发现，从冲击影响的程度上来看，一个正向的 1 个单位的宏观经济不确定性的冲击，会使固定资产投资降低 0.12 个单位，然后 M2 会迅速增加，最后达到峰值，使固定资产投资增加 0.22 个单位。说明当宏观经济不确定性提升时，会使固定资产投资先减少，后增加。从冲击响应时间上来看，宏观经济不确定性冲击在第 2 期时达到了逆向影响的最大值，然后迅速提高，在第 6 期时达到正向影响的峰值，随后冲击效应开始逐渐减弱，一直到第 14 期冲击的影响回归稳态。也就是，宏观经济不确定性指数对固定资产投资会有一个短暂的逆向影响，随后会产生正向影响。为什么宏观经济不确定性指数对固定资产投资有一个正向的影响呢？这很可能是因为，随着宏观经济不确定性的提高，政策当局会实施逆周期调控，增加政府支出，从而导致固定资产投资不降反升。

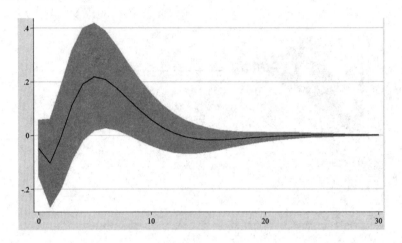

图 1 – 10　宏观经济不确定性指数对固定资产投资的影响

说明：本图由 stata14 软件输出得到，输出结果中纵轴标度显示部

分小数点前的 0 被省略了，如 ".1" 表示为 "0.1"。

观察图 1 – 11，我们可以发现，从冲击影响的程度上来看，一个正向的 1 个单位的宏观经济不确定性的冲击，会使工业品价格指数降低 0.22 个单位。说明当宏观经济不确定性提升时，会使工业品价格指数减少。从冲击响应时间上来看，宏观经济不确定性冲击在第 6 期时达到了最大峰值，然后冲击效应开始逐渐减弱，一直到第 24 期冲击的影响回归稳态。也就是，宏观经济不确定性指数对工业品价格指数产生了逆向影响。

观察图 1 – 12，我们可以发现，从冲击影响的程度上来看，一个正向的 1 个单位的宏观经济不确定性的冲击，会使进出口降低 0.26 个单位。说明当宏观经济不确定性提升时，会使进出口减少。从冲击响应时间上来看，宏观经济不确定性冲击在第 4 期时达到了最大峰值，然后冲

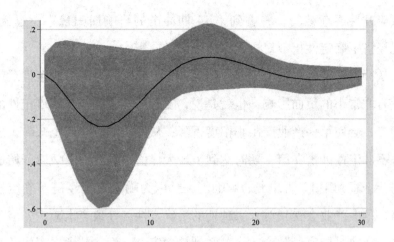

图 1 – 11　宏观经济不确定性指数对工业品价格指数的影响

说明：本图由 stata14 软件输出得到，输出结果中纵轴标度显示部分小数点前的 0 被省略了，如".1"表示为"0.1"。

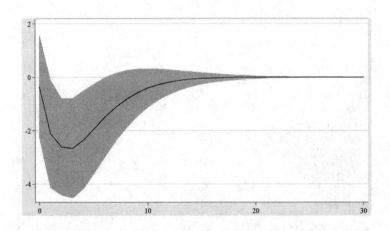

图 1 – 12　宏观经济不确定性指数对进出口的影响

说明：本图由 stata14 软件输出得到，输出结果中纵轴标度显示部分小数点前的 0 被省略了，如".1"表示为"0.1"。

击效应开始逐渐减弱，一直到第 14 期冲击的影响回归稳态。也就是，宏观经济不确定性指数对进出口产生了逆向影响。

从冲击影响的程度上来看，图 1 - 13 表明宏观经济不确定性对第一产业有非常小的负向影响，也就是说，随着一个宏观经济不确定性的正向冲击，会使第一产业产出小幅度下降；从冲击响应时间上来看，宏观经济不确定性冲击在第 4 期时达到了最大峰值，然后冲击效应开始逐渐减弱，一直到第 12 期冲击的影响消失。因为随着宏观经济不确定性的提高，第一产业会受到对未来预期的不确定性，导致产出减少，但是因为第一产业是国家命脉产业，关系到粮食安全，而且粮食属于生活必需品，弹性较小，所以宏观经济不确定性的提高，不会对第一产业造成较大的影响。因此，我们可以从图 1 - 13 中看出，宏观经济不确定性对第一产业产生了比较小的负面影响。

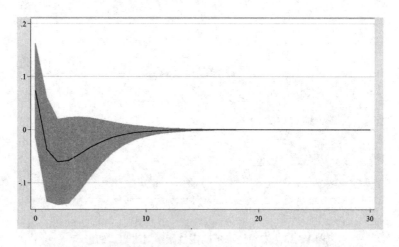

图 1 - 13　宏观经济不确定性对第一产业冲击的脉冲响应图

说明：本图由 stata14 软件输出得到，输出结果中纵轴标度显示部分小数点前的 0 被省略了，如 ".1" 表示为 "0.1"。

观察图 1 - 14，我们可以发现，从冲击影响的程度上来看，一个正向的 1 单位的宏观经济不确定性的冲击，会使第二产业产生降低 0.17% 影响。说明当宏观经济不确定性提升时，会使第二产业产出有比较减少。从冲击响应时间上来看，宏观经济不确定性冲击在第 5 期时达到了最大峰值，然后冲击效应开始逐渐减弱，一直到第 16 期冲击的影响消失。

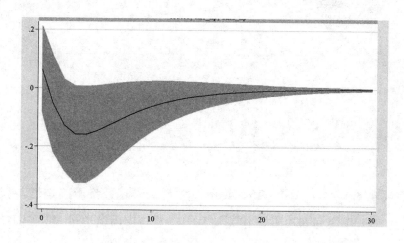

图 1 - 14 宏观经济不确定性对第二产业冲击的脉冲响应图

说明：本图由 stata14 软件输出得到，输出结果中纵轴标度显示部分小数点前的 0 被省略了，如 ".1" 表示为 "0.1"。

观察图 1 - 15，我们可以发现，从冲击影响的程度上来看，一个正向的 1 单位的宏观经济不确定性的冲击，会使第三产业产生降低 0.18% 影响。说明当宏观经济不确定性提升时，会使第三产业产出减少。从冲击响应时间上来看，宏观经济不确定性冲击在第 3 期时达到了最大峰值，然后冲击效应开始逐渐减弱，一直到第 14 期冲击的影响消失。

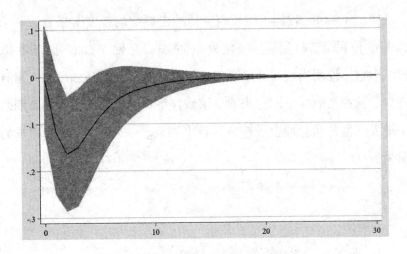

图 1 – 15　宏观经济不确定性对第三产业冲击的脉冲响应图

说明：本图由 stata14 软件输出得到，输出结果中纵轴标度显示部
分小数点前的 0 被省略了，如".1"表示为"0.1"。

　　观察图 1 – 4 到图 1 – 15，我可以发现，宏观经济不确定性与大多
数的宏观经济变量都存在负相关关系，只是与货币供给量 M2 和固定资
产投资，存在正向相关关系，这是因为政策当局实施逆周期调控，导致
这两个指标与宏观经济不确定性指数存在正向相关关系。因此，本书所
构建的宏观不确定性指数与经济活动之间呈现一定的负相关关系，或者
说宏观经济不确定性指数具有一定的逆周期性。

本章小结

本章首先研究分析了经济不确定性的基本内涵，在此基础上，本书选取了 56 个 2005—2017 年的中国宏观经济指标，通过混频 EM 算法、FAVAR 模型和 MCMC 模拟，构建了宏观经济不确定性指数。并对其有效性进行了阐述。研究发现：

第一，经济政策不确定更多是反映各国经济政策的变化，而不能完全反映宏观经济不确定性。同时，经济政策不确定性很有可能是政策当局根据宏观经济不确定性做出的被动反应。所以宏观经济不确定性指数能够更加全面地反映我国宏观经济不确定性状况。

第二，股市波动率 VIX 由于我国资本市场的不完善，不能完全反映整个经济的不确定性。同时 VIX 与宏观经济不确定性指数相比，VIX 可以反映经济不确定变化时间，但是不能反映宏观经济不确定性的具体程度。

第三，宏观经济不确定性与大多数的宏观经济变量都存在负相关关系，只是与货币供给量 M2 和固定资产投资，存在正向相关关系，这是因为政策当局实施逆周期调控，导致这两个指标与宏观经济不确定性指数存在正向相关关系。因此，本书所构建的宏观不确定性指数与经济活动之间呈现一定的负相关关系，或者说宏观经济不确定性指数具有一定的逆周期性。

第二章

宏观经济不确定性对货币政策
有效性的影响

2008 年全球金融危机以来，世界经济经历了长达 10 年的停滞期。目前，宏观经济的不确定性也引起了决策者和公众的高度关注。2016 年，李克强总理在十二届全国人大政府工作报告中指出，我国长期积累的矛盾和风险进一步暴露，经济增长方式转变，新旧动力转换，经济下行压力加大。世界经济增长乏力，资本市场和大宗商品市场波动风险加大，国内外不确定性因素加深，宏观经济政策执行难度加大，系统性风险加大，产能过剩、结构失衡和资源错配问题突出越来越多的问题出现，这些问题加剧了不确定性的产生。政府和市场迫切需要防范风险，减少不确定性，越来越多的专家学者开始对经济不确定性进行研究。宏观经济不确定性的增加导致经济波动的复杂性，给我国当前的宏观调控和货币政策运行带来很大困难。本章从宏观经济不确定性的角度研究货币政策对经济的影响。准确评价货币政策的调控效果，根据新常态下经济运行的特点，选择更加准确的货币政策工具和调控策略，对我们具有重要的指导和参考意义，在调整经济总量的同时，兼顾优化经济结构的目标。

第一节 理论分析及研究假设的提出

经过 30 多年的调整与探索,我国金融市场运作方式已经发生了巨大的改变,货币政策也越来越侧重于稳定物价。因此,货币政策传导机制也很可能已经发生改变。诸多实践表明货币政策与实体经济关系是不断变化的,这种变化既可能反映了利率对需求所施加影响的变化,也可能反映了政策制定者行为的变化。例如,政策制定者在更加关注通货膨胀的稳定与经济活动的政策趋势情况下,会倾向于加强总需求,从而表现出利率政策与经济增长呈现正相关关系。

一、金融发展与货币政策有效性

在过去 30 年,金融市场运作方式已经发生了巨大的改变。另外,货币政策的执行也越来越关注维持物价稳定。因此货币政策传导机制很大可能也已经发生改变。从美国经验来看,近几十年来,美国经济总量、私人支出的各个组成部分与短期政策利率之间的相关性,跟当时的联储主席弗尔克盛行了数十年的通货膨胀与在 19 世纪 70 年代末到 80 年代初很多监管政策的变化之间的相关性相比,表现出显著的差异。GDP、私人支出的四个组成部分(非耐用品和服务的消费,耐用品消费,住宅投资和非住宅投资),它们与名义联邦基金利率的相关性主要在不同时期发生了显著的改变:从 1962Q1 到 1979Q3 期间,经济总量与支出的增长率与名义联邦基金利率,特别是与滞后期的联邦基金利率,呈现负相关关系;从 1984Q1 到 2008Q4 期间,经济总量与支出的增长率，与名义联邦基金利率，特别是滞后期的联邦基金利率，呈现出正相关关系。

从中国的情况来看，近年来随着包括汇率市场和利率市场化一系列经济金融改革的推荐，中国的货币金融运行机制已经发生深刻变化，日益深化的金融市场对货币政策传导的影响越来越重要。一般而言，我国货币政策的传导机制主要是从中央银行到金融体系，再到实体经济，可以进一步将我国货币粗略地划分为价格渠道和数量渠道（孙国峰，2014）。价格渠道即利率渠道，数量渠道即信贷渠道，这两者也会相互影响。在一个利率渠道的完整运行过程中，央行在进行货币政策调整时，首先影响市场短期利率，再传导到长期利率，通过影响投资进而影响整个实体经济。而在一个信贷渠道的完整运行过程中，央行较为注重调节基础货币，而且商业银行具有重要的角色，主要通过商业银行调整信贷，从而实现对货币供应量的调控，最终影响实体经济。随着金融市场的深化，资本市场开始形成新的影响渠道，例如资产价格上涨时，一方面会通过财富效应促进居民消费，另一方面还会影响企业资产负债表，从而影响企业的融资能力以及融资成本，进而整个社会的融资规模都会发生变化，最终影响到实体经济活动，这实际上也就是我们所说的资产负债表渠道。

货币政策会通过资本市场对国内资产价格——债券价格、股票价格和房地产价格形成冲击，进行影响居民、企业和银行的行为，并最终影响实体经济活动和价格水平。中央银行决定短期利率，短期利率的变动，本身就会改变资产相对价格水平来影响资金供求的结构，从而影响资产价格水平；同时，短期利率的变动会传导到长期利率，一般短期利率会对长期债券的收益率产生同向的影响（虽然这种影响的程度是不确定的），因而带动长期利率的变动，而长期利率也同时反映投资者对未来通胀以及经济增长的预期，长期利率的改变也会作为政策信号，改变投资者对未来经济增长的预期，这种预期的改变反过来又贴现到当前的资产价格水平上，反映为资产价格的即时调整。货币政策操作对资本市场的资产价格的影响又通过改变居民、企业和银行的资产负债表而进一步将货币政策的意图传导到实体经济中。一方面，财富效应增强了公众的资产负债表现金流，会影响收入支出，改变消费和投资需求；另一方面，在现代经济条件下资本市场作为全社会资源配置的主要场所，资产价格变化的信号会改变社会资源配置，从而提高总供给，如果总供给和总需求的增长不一样，通胀率就会上升或者下降。资本市场对货币政策影响的程度主要受到以下因素制约。

（1）资本市场在国民经济中的规模，如果银行信贷在全社会资产负债表中的相对价值较高，那么资本市场的影响力就越小，反之则较强。（2）资本市场与其他金融市场的竞争程度，资本市场的参与者更为广泛，在金融体系中，如果资本市场的竞争度较高，中央银行的货币政策的传导不仅不会被削弱，反而会得到加强。有广度、有深度的高效资本市场对中央银行的货币政策传导的灵活性和及时性更强，中央银行的货币政策通过资本市场可以迅速扩散，而且资本市场相比银行信贷市场的优势在于，货币政策通过银行信贷市场的传导需要经过商业银行的贷款决策行为才能传导到非银行公众和实体经济，在行为主体上多了银行作为中介。（3）中央银行货币政策工具的市场化程度，如果一国央行的货币政策操作方式选择了以公开市场业务为主的方式，就会加大资本市场对货币政策的影响效果，中央银行也会更加关注资本市场。（4）资本市场的效率，资本市场的运行效率主要包括投资者对经济信息的反映程度，即资产价格是否能够及时充分反映经济因素以及投资者对未来的预期。资本市场的价格形成机制越级安全，资本市场的效率就越高，对货币政策的影响也就越大。

近 10 年来，在发达国家和新兴市场国家，资本市场的发展带来的金融深化、金融机构多样化和金融市场全球化促使各国央行开发新的货币政策操作程序和操作工具，以更及时有效地影响所有市场参与者的行为，改变各种金融市场价格的形成，从而实现调节宏观经济活动的目的。

1. 货币政策工具更加强调公开市场业务等市场化手段

在货币政策操作体系的转变过程中，一方面是转轨国家的货币政策框架由直接转向间接；另一方面，发达国家和新兴市场化国家的货币政策操作体系也更加市场化，这体现在中央银行的市场身份在逐步加强。中央银行通常具有双重身份，一个是作为政府意图的代表，具有法定强制力，比如可以规定法定准备金制度来调控商业银行的借贷行为；另一个则是作为市场交易对手，可以像银行一样直接参与市场交易。当然，在市场化的货币政策工具中，也有中央银行以政府代表身份强制运用的工具，如法定准备金制度等，这些工具不断弱化，基本已经趋于消失。一些介于两者之间的工具，如中央银行对商业银行的再融等，一方面是中央银行与商业银行之间的市场交易行为，另一方面又带有最后贷款人对银行体系信心支持的政府调控意图，因为重要性也在不断下降。以公开市场业务为代表的完全市场化货币政策工具，作为一种纯粹的市场化交易行为，不断呈现公开化和透明化趋势，在市场化过程中发展很快。

法定存款准备金制度、再贴现和公开市场业务是中央银行传统货币工具的三大法宝，这三个工具都可以通过影响商业银行的融资成本有效地影响商业银行的信贷规模，从而影响消费、投资乃至整个宏观经济。近年来，随着证券市场深度与广度的不断提升，股票市场成为银行信贷以外影响货币政策的又一重要渠道，公开市场操作则以富于弹性、更具市场化而受到各国央行的重视。而且，在货币政策的制定和操作过程中，中央银行对公众的心理和预期的重要作用的认识在加深，这意味着中央银行货币政策开始在更大程度上以来市场信息、增加透明度并注重向市场发出政策信号的策略。在资本市场高速发展的条件下，中央银行所面临的金融环境的不确定在提高，因此中央银行更加偏好有弹性的货币政策工具，公开市场操作能为中央银行提供一个更富有弹性、更加市场化和更具自主性的货币政策工具。而公开市场业务员发挥作用的前提又是有一个健全的资本市场，只有一个有足够深度的发达债券市场，才能够为中央银行的操作提供足够的流动性，使得中央银行的操作可以完成数量和价格目标，而不至于过多地冲击市场。市场的高效也会保证央行在公开市场上的操作能够迅速和均匀地在金融体系和实体经济中传导。因此，可以说资本市场的发展使得公开操作等市场化操作工具在央行货币政策工具体现中显得更为重要。

2. 货币政策操作目标向市场短期利率方向发展

将利率作为货币政策的操作目标并缩短目标利率期限已经成为货币政策变革的潮流。这主要是由于资本市场发展，加强了利率在货币政策传导中的地位。选择何种利率作为中央银行的操作目标，一般来讲主要考虑以下几点：一是目标利率的易变性较低；二是目标利率在利率体系中的地位，即对其他利率的影响力或者传导效率；三是中央银行对该种利率水平的控制力。由于资本市场的发展，资本市场规模和深度有了显著提升，中央银行对长期债券价格的影响力削弱，中央银行只能对货币市场短期利率具有决定性影响，对长期债券市场，发达国家央行都是尽量减少干预。一是让长期债券价格所体现的长期收益率水平充分反映公众的通胀预期，以作为中央银行货币政策决策的参考；二是中央银行对长期债券市场的影响力不强，因为货币主要是同业拆借市场，由在中央银行开立账户的银行进行准备金交易，因而是一个基础货币交易市场，中央银行对其控制力较强。而长期债券市场属于资本市场范畴，参与者众多，既包括银行，也包括投资基金、保险公司、生产企业和个人等，交易的资金有基础货币，也有货币，中央银行对其影响力不足。因此，中央银行通常是通过影响短期利率来间接调控长期利率，而不会直接干预长期利率水平。选择短期利率作为央行货币政策目标的另一个原因是，相对于短期利率而言，资本市场形成的长期利率水平受到多种因素和主体影响，尤其受到公众对未来经济形势的预期影响，具有较大的易变性，因此不适于作为操作目标。

3. 公开市场业务工具的多样化

中央银行公开市场业务的工具实际上是指抵押品，中央银行通过公开市场业务回收基本货币时，通常要卖出抵押品或应用抵押品来进行正回购。在大多数亚洲国家，中央银行持有抵押品的主要目的在于回收银行体系流动性。

近年来资本市场的发展对货币政策的影响越来越大，货币政策实际上是中央银行调整自身资产负债表的行为。传统的货币政策实施的信贷渠道是中央银行通过与商业银行的信贷交易来改变央行负债，公开市场操作代表了货币政策实施的市场渠道，是中央银行通过在债券等公开市场的交易改变央行负债。市场渠道具有灵活、高效、便捷的优势，这些优势的核心在于商业银行承担支付清算职能，因此中央银行与非银行的金融机构或非银行公众进行交易同样可以改变商业银行在央行的准备金，这种交易不受商业银行本身需求的影响。这样就解决了传统货币政策实施的根本弱点，可以不借助商业银行而直接影响总需求。在货币政策实施的传统信贷渠道过程中，中央银行要改变自身负债需要商业银行的信贷资金相配合，尽管央行可以调节利率来影响商业银行的信贷需求，但货币政策实施最终要商业银行同意才能进行。而央行在资本市场的运作则完全不同，央行的对手包括所有市场成员，商业银行仅仅是其中一个较小的部分。在美国等发达国家，资本市场的主要力量是投资银行，美联储的 22 家公开市场业务一级交易商均为投资银行，这样，中央银行与投资银行等对手进行交易，交易结果自然会改变央行负债，但这个过程却与商业银行的决策无关。通过现代金融体系的良好有效运转，货币政策实施的有效性大大减小，这就是美国提出"通过资本市场实施货币政策操作"理论的根本原因，现代金融体系已经改变了原有货币政策的操作思路。发达国家货币政策操作的发展趋势是尽量简化央行资产负债表，减少货币政策操作工具的种类，明确货币政策操作目标，使得货币政策操作的信号更加清晰。我们有理由相信，通过资本市场实施货币政策操作将会逐渐替代现有的信贷渠道，成为货币政策操作的主流模式。

二、货币政策传导机制

货币政策若要发挥其作用必须依赖相应的微观传导机制，为了准确评估货币政策有效性，有必要厘清货币政策传导机制的内涵。首先，理解货币政策如何影响经济对于评估货币政策在一个特定的时间点的立场是必须的。其次，为了决定如何设置政策工具，货币政策制定者必须对时机和该政策对经济影响的效果做出准确评估。央行在货币政策执行时非常重视货币政策影响实体经济活动和通货膨胀等宏观经济变量的机制。

货币政策有效性的变化反映了货币政策对总需求相关性的变化，例如利率对需求影响的变化，这些变化可能正反映了政策制定者行为的变化。例如，一个更加关注稳定通货膨胀与经济活动的政策趋势，那么基于政策制定者希望依靠需求加强的趋势，就会表现出利率政策与经济增长呈现正相关关系。从美国经验来看，近几十年来，美国经济总量、私人支出的各个组成部分与短期政策利率之间的相关性，跟当时的联储主席 Volcker 盛行了数十年的通货膨胀与在 19 世纪 70 年代末到 80 年代初很多监管政策的变化之间的相关性相比，表现出显著的差异。GDP、私人支出的四个组成部分（非耐用品和服务的消费，耐用品消费，住宅投资和非住宅投资），它们与名义联邦基金利率的相关性主要在不同时期发生了显著的改变：从 1962Q1 到 1979Q3 期间，经济总量与支出的增长率与名义联邦基金利率，特别是与滞后期的联邦基金利率，呈现负相关关系；从 1984Q1 到 2008Q4 期间，经济总量与支出的增长率，与名义联邦基金利率，特别是滞后期的联邦基金利率，呈现出正相关关系。

现有关于货币政策传导的经验研究主要来自两种方法。一种是建立在向量自回归模型（VARs）上。在这部分的研究绝大部分是基于克里斯蒂亚诺，艾兴鲍姆，和伊文思（1999）的调查。最近还有研究提出采用将更大量的信息考虑进去的 FAVAR 模型，他们通的研究扩展了之前的理论，强调货币政策冲击的影响会更加重要（伯南克，布瓦万，和埃利亚斯，2005）。另外一种方法，就是用 DSGE 模型来展现一个结构性分析，通过理论模型来构建可能影响货币政策传导的微观基础。卢卡斯（1976）认为 DSGE 模型通过对微观基础的构建，允许我们考虑到更多的货币政策影响的变化以及货币政策执行的变化的影响，为够识别货币政策的真实效应提供了可能，并不是简单地依赖政策行为与经济变量的相关。我们同时也将会从这个角度考虑到大量的合理性的结构变化，基于斯麦茨和成泰（2007）的研究，和在央行不断地增加这种结构性的模型的使用（克里斯托弗尔，科勒和伍乐，2008；艾德，克雷和拉佛特，2007，2008，2010）。

VAR 与 DSGE 这两种方式，跨越了从相当不结构化到高度结构化的范围。阿赫塔尔和阿里斯（1987），弗里德曼（1989），毛斯科普夫（1990）和法尔（2004）利用经济理论在关于设置合理的设定和"考尔斯委员会"计量经济学里面的信息，为各种类别的支出指定了方程。我们的分析向前迈出了实质性的一步，并且考虑解决 Lucas 的批判问题，并且考虑"预期管理"，也就是伍德福德（2003）强调的主要传输通道。

从货币传导机制来看，基本可以被归纳为两种基本的类型：金融市场是完美的新古典通道和金融市场并不完美，通常被称为信贷视角的非新古典通道。

表 2 - 1 就是一个对我们经常讨论的传导渠道的一个总结。许多传导机制的一个重要的特点就是：是实际利率而不是名义利率影响到其他资产价格，并且通过传输通道扩散。埃格特松和伍德福德（2003）认为：名义利率趋近于零时，如果承诺未来货币政策是扩张性的，将会降低长期利率水平和增加预期通货膨胀，伴随着降低实际利率水平并刺激消费。正如之前，伍德福德（2003）表明过预期的"管理"是一个货

币当局的首要责任。

（一）新古典传输通道

货币政策传导的传统渠道是在 20 世纪中叶期间发展的，基于一个关于投资，消费和国际贸易行为的核心模型：约根松（1963）和托宾（1969）提出了新古典传输通道的投资模型；布伦贝格和莫迪利亚尼（1954），安多和莫迪利亚尼（1963）和弗里德曼（1957）提出了日常循环或者永久的消费收入模型；芒德尔（1963）和弗莱明（1962）提出的国际上的 IS – LM 模型。

1. 基于投资的传导渠道

（1）直接利率传导渠道

货币政策传导机制最传统的渠道已被嵌入微观经济模型，涉及利率对资本成本的影响，由此带来的对贸易以及对家庭投资支出的影响。标准的投资新古典模型阐明了资本使用成本是资本需求的一个关键决定因素，不管是投资于商品、住房或耐用消费品。

（2）托宾 Q

詹姆斯·托宾（1969）的研究框架里也考虑了企业和家庭的投资决策。对于企业投资，托宾（1969）将 Q 定义为由资本重置成本划分的企业的市场价值。当 Q 高的时候，企业的市场价格相对于资本重置成本就高，新设厂商和设备资本相对于企业的市场价值就会便宜。托宾 Q 理论可以与哈亚斯（1982）的资金进入的使用成本相关联。托宾 Q 理论与使用成本理论之间的联系最终达成了哈亚斯（1982）的动态调整成本法。

表 2-1 货币政策的传导渠道总结

	渠道	描述	政策模型
新古典渠道	利率/资本成本/托宾Q	短期政策利率的变化影响消费者和商业投资的资金使用成本	标准的大型模型（例如 MPS/FRB/US model，法尔，2004），DSGE 模型
	财富效应	短期利率的变化影响贴现值/托宾 q 不同类型资产的价值，资产的市场价值的这些变化引起消费量的变化	标准的大型模型（MPS/FRB/US model，法尔，2004），标准化的 DSGE 模型，但是不能与替代效应分开
	跨期	短期利率的变化影响边际消费	不能使用传统的大型模型。标准化的 DSGE 模型，但不能与财富效应分开
	汇率影响	短期政策利率的变化通过无抛补利率平价/资产平衡效应引起汇率的变化	标准的大型模型。国际化的 DSGE 模型（例如，额赛格，圭列里 and 佳斯物，2006）
非新古典渠道	监管导致的信用影响	金融机构的限制（例如存款利率上限，利率限制）影响支出	结合相关时期的实证经验某些大型模型（例如 MPS 模型）
	基于银行传导的渠道	由于信息不对称，银行扮演重要的作用，银行的借款能力降低会影响支出	未明确使用的大型模型或 DSGE 模型
	资产负债表渠道	与资产价格影响相联系的财富价值的变化影响资金流动企业和家庭面临风险溢价	未明确使用的最大规模的模型，更多地运用 DSGE 模型（例如，伯南克，布瓦万 and 埃利亚斯，1999）

资料来源：Friedman，B. M.，& Woodford，M..（2010）. *Handbook of Monetary Economics*，*Volume* 3（Vol. 3）. Elsevier。

2. 基于消费的渠道

（1）财富效益

关于储蓄与消费的生命周期假说的标准应用，最初是由布伦贝格和莫迪利亚尼（1954）发展的，由安多和莫迪利亚尼（1963）进一步增强，它表明了消费支出是由消费者的寿命资源所决定的，而消费者的生命资源又包含了它的财富，无论是来自股票，还是房地产与其他资产。

（2）跨期替代效应

在这样的渠道里，短期利率的变动将改变消费曲线的斜率。因此较低的利率水平会导致现在较高的消费。

（3）基于消费渠道的之前的实证文献

财富效应已在宏观经济计量模型里有一个突出的角色，如有一些在美国联邦储备用于政策分析。这一观点被埋设在美国联邦储备委员会和其他地方使用的宏观经济计量模型里。从长期来看边际消费倾向的财富在美国目前估计为每美元 3 到 4 美分，法尔（2004）报告了一个美国相似规模的财富影响。卡特，吉鲁阿尔，皮尔斯，法尔和安迪尔（2004）在研究 OECD 的国家中发现，金融财富里的长期边际消费倾向从意大利的 0.01 到日本的 0.07% 之间波动。他们预测的 OECD 的平均值为 0.035，美国为 0.03%。

跨期替代渠道通常在短期内也是温和的，因为消费曲线的斜率的敏感性短期利率通常估计是小的，主要是通过纳入习惯的持久性（克里斯托弗尔等，2008；艾德等，2007；斯迈特和武泰，2007）。这个发现直接导致了后面大量实证文献的出现，其中霍尔（1988）以及后开的研究趋于一致建议温和的跨期替代。

（二）非新古典渠道：信贷视角

这种非新古典渠道涉及不完美市场，重点关注信贷市场上的不完美，因此被称为信贷视角。

1. 信贷市场上政府干预对信贷供给的影响

政府经常为了实现一些特定的政策目标而对信贷市场进行干预，在美国，信贷市场对于家庭经济来说，就显得更为重要。

直到 20 世纪 80 年代，美国政府设立了其储蓄机构一个系统，在这个系统里，储蓄机构，特别是储蓄和贷款协会，是住房抵押贷款的主要发行人。由于法规限制的结果，这些机构使用由当地定期存款提供的资金制定长期的，固定利率的贷款（麦卡锡和皮斯，2002）。

信贷配给渠道在 1980 年之前在宏观经济计量模型里面描述得相当重要（例如 MPS 模型的描述布雷顿和毛斯科普夫，1985），虽然他们的效果只是部分通过货币政策行动对支出的某些时刻而不是总体规模的影响来进行运作的。

2. 基于银行的渠道

有两种不同的银行主导型的传导渠道，银行在传导过程中都起到了特殊的作用，因为银行贷款是其他资金来源的不完全替代。第一种是银行贷款渠道，银行贷款的渠道已经得到了实证验证（盖特勒和吉尔克里斯特，1993，1994；卡西亚和斯特因，1995；皮克和罗森格伦，1995a，b，1997）。其他研究则不认为存在这种渠道（雷末，1993；罗默和罗默，1989）。诺里和米尔詹（2002）报告结果显示，银行贷款可能在宏观经济波动中有着重要的作用，同时也发现，银行贷款渠道的变化相对于货币政策变化的可能性相当小。亚科维耶洛和米内蒂（2008）研究结果表明，在那些家庭融资更多依赖银行金融的国家，贷款传导渠道是存在的。

另一个渠道就是银行资本渠道。银行贷款与资本渠道虽然没有被系统性地建立起来，但在近些年货币政策的执行中确实起到了重要的作用。在 20 世纪 90 年代初期，当艾伦·格林斯潘在经济学中，由于银行收支平衡表恶化的缘故提到"逆风行事"时，可以知道确实是正确的（信贷渠道与 MPS 模型的讨论，毛斯科普夫，1990；20 世纪 90 年代初期的描述，赖夫·施奈德，斯托克顿和威尔科克斯，1997）。记录政策进程的研究最近仍然是一个未来性的话题，但是这些渠道在最近的金融危机中，政策制定者与流行账户都强调了他们的重要性（米什金，2008；韦塞尔，2009）。并且，研究明确显示，需要将这些渠道纳入用于政策分析的主流模型中（安赫洛尼和法雅，2010；杰拉里，尼里，塞萨和西尼奥雷蒂，2009；格特勒和约塔基，2010；梅和莫兰，2008）。

3. 资产负债表渠道

包含资产负债表渠道的模型特别方便，并且被广泛运用，并且以金融加速器为核心构架（伯南克和格特勒，1989；伯南克，格特勒和基尔基督，1999），在这种情形下，较低的净资产会增加和债务融资信息不对称，外部融资溢价加大的相联系的问题。

不同的资产负债表渠道都在调查货币政策里信用冲突的存在时被考虑进去了，例如库尔迪亚和伍德福德（2009）还有卡尔斯特伦，菲尔斯特和保斯蒂安（2009）。

大量的先前的研究都表明了家庭内在价值对于家庭获取信用与支出有着重要的影响（贝尼托，汤普林，瓦尔德隆和伍德，2006；哈齐乌斯，2005），大量模型结果证明金融加速器与住房和家庭支出相关（亚科维罗，2005；亚科维罗和尼里，2010）。卡扎莫纳切利和斯特拉卡

（2007）发现了在有着比较发达的贷款金融系统的经济体内，消费增长与住房价格变化的相关性要更高一些。亚科维罗和米内蒂（2008）证明了在较低发展水平的贷款金融体系的国家里，资产负债表渠道对家庭的影响要更大一些。

（三）为什么货币政策传导机制发生改变？

1. 信贷市场机构改革变化

信贷市场制度结构的变化有能力改变货币传导机制，特别是通过影响由于非新古典主义的渠道所带来的市场的不完美。

这些年在信贷市场的一个较大的变化是在 20 世纪 80 年代的移除许多限制性规定，有限的储蓄机构使长期固定利率抵押贷款和限制了金融机构支付的存款利率。

20 世纪 80 年代前期，住宅建设下降很快收紧货币政策，尽管抵押贷款利率逐渐回应。相比之下，20 世纪 80 年代后，抵押贷款利率反映更快更持续的货币政策的改变。结果，现在的货币政策主要是通过价格渠道影响住房而不是通过信贷供应限制，在 1980 年之前一样（莫斯科普夫，1990；麦卡锡和皮斯，2002）

信贷市场的第二个主要变化是信息技术的改进提高了信贷市场的效率，允许更广泛的机构成为从事扩大信贷。

影子银行体系的发展有两个巨大的影响：首先，它使得借款人绕过银行获得贷款。结果是萎缩的信贷份额是由银行提供的。其次，影子银行体系至少在最近的金融危机之前，更广泛地进入信贷的人口比例较大，有时也称为"信贷民主化"。

第一个影响，这表明银行系统信贷市场中扮演小角色，表明银行贷款和银行资本渠道可能比以前更重要。然而，这些渠道的相对实力，至少在典型的时候，一直是一个争议的话题（如前所述），因此几乎没有证据表明记录随时间变化在这个通道的重要性。比如，米隆，罗默和威尔（1994）研究了大跨度的美国历史和几乎没有发现有任何证据表明，金融市场性质发生变化，影响了银行贷款渠道的重要性在某种程度上是因为他们发现非常有限的证据支持这样一个通道。

第二个影响，信贷的民主化，导致更容易获得信贷。例如，在美国，首付比例一直在下降，以及融资成本，利用信心扩大信用的获得住房和其他贷款（埃德伯格，2006），这些发展可能增加了家庭的资产负债表渠道的作用，可能增加消费者支出对房价变化的响应能力（青木，普劳德·曼和弗利格，2002）。

但更大的资产负债表渠道可以抵消其他影响信贷的增加。例如，更好的家庭信贷可以降低消费者支出暂时的收入冲击的敏感性，正如戴南，埃尔门多夫和西切尔（2006）所表明的。他俩发现了在20世纪80年代的美国暂时的收入冲击对消费敏感度下降的证据。持这一观点也来自微观证据表明家庭使用抵押贷款再融资从收入冲击缓冲他们的支出（赫斯特和斯塔福特，2004），并且倾向对抵押贷款进行再融资，从而提高了抵押贷款市场的结构性变化，如信用评分的发展（班纳特，皮斯和普利斯，2001）。这种暂时的收入冲击的敏感度下降可能减少支出间接货币政策变化的响应能力通过改变收入对消费的影响。

2. 预期形成方式的改变

一些研究已经强调潜在的政策行为的变化的重要性，这些政策的类型的变化对货币政策行动有整体影响（博文和吉安诺尼，2006）。

而预期的潜在重要性通道在简单的新凯恩斯主义模型中表现得尤为明显（伍德福德，2003）及其他的 DSGE 之后，潜在的大量化的影响并不局限于这类模型．例如，泰勒（1993）的方法，强调预期渠道但不再那么严格挂钩的具体微观经济最优化问题，还允许潜在的强有力的影响。和简化型预期方法是最常见的版本的 FRB/US 模型（基于小 VAR 系统预期的形成）还允许可能很大效果；事实上，赖夫·施奈德（1999）报道，超过一半的货币政策对经济活动的影响超过第一年的联邦基金利率的变化反映了预期通道，而不是直接的利率、财富，或者汇率渠道。

三、研究假设的提出

随着我国经济进入经济新常态，经济发展的不确定性越来越高，而作为调节宏观经济重要工具的货币政策也变得越来越重要，货币政策的传导效用直接影响货币当局调节宏观经济的效用。只有顺畅的货币政策传导渠道才能有效地调节宏观经济，为我国的经济高质量发展提供重要保障。

随着宏观经济不确定性的变化，货币政策传导渠道的传导效率也在发生变化。为什么货币政策传导效率会发生变化呢？首先，因为在宏观经济不确定变化过程中，会影响投资者的投资行为，比如在宏观经济不确定性比较高时，投资者的投资行为将会变得更加谨慎，因为在高宏观经济不确定性时期，投资失败的可能性将大大提高，投资收益也会大大降低，所以投资者更愿意持有货币，以应对将来可能发生的危机。其次，对于银行等金融机构也会减少贷款，减少了货币投放速度，从而减弱了货币政策的调控效率。最后，消费也会减少，因为人们更愿意持有货币来应对可能危机。当然，还有其他原因，这里不一一赘述。综上所述，我们可以发现在宏观经济不确定性较高时，货币政策的一部分传导渠道的传导效率在降低。所以，宏观经济不确定性的变化对货币政策传导渠道的传导效率有着重要影响。本章提出假设：经济不确定性会削弱货币政策有效性，即经济不确定性越高，货币政策工具的调控效果越差，政策有效性越低。

第二节　研究设计

一、数据来源

本书主要采用了 2005—2017 年中国宏观经济数据，主要包括国内产出 GDP、货币供给量 M2、信贷规模 loan、居民消费价格指数 CPI 和固定资产投资规模 INV 等数据（如表 2 - 1）。数据来源是国泰安 CS-MAR 数据库。其中 GDP 为季度数据，货币供给量 M2、信贷规模 loan、居民消费价格指数 CPI 和固定资产投资规模 INV 等数据为月度数据。为了保证数据频度的一致性，本书采用了高华川、白仲林（2016）提出的 EM 算法，估算出 GDP 的月度数值。同时为了分析不同宏观经济不确定性条件下的影响情况，本书将按照宏观经济不确定性大小将样本分成两部分，其中以宏观经济不确定性中较高的 30% 作为高宏观经济不确定性样本，以宏观经济不确定性中较低的 30% 作为低宏观经济不确定性样本。

表 2 - 2 主要变量

变量名	变量	变量含义
M2	货币供应量	每季度央行公布的货币供应量增长率
GDP	国内生产总值	一国一年时间的国内生产总值
loan	新增	消费价格的同比增长率
CPI	居民消费价格指数	居民消费品价格变化
INV	固定资产投资	固定资产投资规模增长率
C	社会消费品零售总额	社会总消费

二、模型构建

(一) 混频因子 EM 模型

混频因子模型是采用不同抽样频度变量构成的因子模型。因为在宏观经济变量中，月度数据和季度数据比较常见，也基本上能够反映宏观经济运行的基本状况，因此，本书主要讨论研究如何将月度数据和季度数据纳入同一因子模型，构建混频因子模型。为了达到这一目的，本书首先研究了月度数据和季度数据之前的联系。

(二) VAR 模型

为了研究宏观经济不确性视角下货币政策对产业结构的影响，本书采用向量自回归 Var 模型：

$$y_t = b_0 + \sum_{p=1}^{p} b_p y_{t-p} + u_t \qquad (2-1)$$

在模型 (2 - 1) 中，向量 y_t 含有货币供应量 M2、银行间 7 天拆借利率 Chibor、居民消费价格指数 CPI、第一产业产出 AGR、第二产业产出 IND 以及第三产业产出 SER 等变量。为了区分宏观经济不确定性的高低，我们按照宏观经济不确定性 UNC 的高低，将样本分成两部分，其中以宏观经济不确定性中较高的 30% 作为高宏观经济不确定性样本 y_t^{high}，以宏观经济不确定性中较低的 30% 作为低宏观经济不确定性样本 y_t^{low}。所以得到：

$$y_t^{high} = b_0 + \sum_{p=1}^{p} b_p^{high} y_{t-p}^{high} + u_t \qquad (2-2)$$

$$y_t^{low} = b_0 + \sum_{p=1}^{p} b_p^{low} y_{t-p}^{low} + u_t \qquad (2-3)$$

其中式（2-2）用于分析在高宏观经济不确定性情况下，货币政策冲击对三大产业的影响。式（2-3）用于分析在低宏观经济不确定性情况下，货币政策冲击对三大产业的影响。

第三节　实证分析

本章为了分析宏观经济不确定性对货币政策有效性的影响，首先简要分析了货币政策对经济产出和价格水平的影响，主要是货币供给量 M2、利率 Chibor 以及信贷规模 loan 分别对经济产出 GDP 和价格水平的影响。然后，在此基础上，研究宏观经济不确定性是否会对货币政策有效性产生影响，主要是分析在不同宏观经济不确定性条件下，货币政策对经济产出和价格水平的影响是否发生变化，如果发生变化，是如何发生变化的。

一、货币政策对经济产出和价格水平的影响

因为现有研究对于货币政策有效性研究已经有非常成熟的结论了，

因此本书只对货币政策对经济产出和价格水平的影响做一个简要的分析。本章分别采用货币供给量 M2、中国银行间拆借利率 Chibor 和信贷规模 loan 作为货币政策的代理变量，分别分析它们的冲击对于经济产出和价格水平的影响。从而分析货币政策的有效性。

货币供给量 M2 对经济产出和价格水平的影响如图 2 – 1 所示。从图 2 – 1 中我们可以看出一个单位的正向货币供给量 M2 冲击，分别能够提高 0.24 个单位的经济产出和 0.21 个单位的价格水平。其中对经济产出的影响在第 5 期达到最大值，然后冲击效应逐步减弱，并且这种影响是长期存在，存在长期效应；对价格水平的影响在第 1 期达到最大值，然后冲击效应逐步减弱，并在第 20 期左右进入稳态。

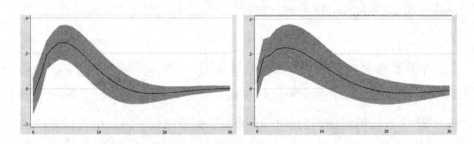

图 2 – 1 货币供给量 M2 对经济产出和价格水平的影响

说明：1. 本图由 stata14 软件输出得到，输出结果中纵轴标度显示部分小数点前的 0 被省略了，如 ".1" 表示为 "0.1"；2. 左图为货币供给量 M2 对经济产出，右图为货币供给量 M2 对价格水平的影响的脉冲响应图。

利率 Chibor 对经济产出和价格水平的影响如图 2 – 2 所示。从图 2 –2中我们可以看出一个单位的正向利率 Chibor 冲击，分别能够降低 0.21 个单位的经济产出和提升 0.08 个单位的价格水平。其中对经济产出的影响在第 8 期达到最大值，然后冲击效应逐步减弱，并在第 15 期左右进入稳态；对价格水平的影响在第6期达到最大值，然后冲击效应逐步减弱，并在第15期左右进入稳态。

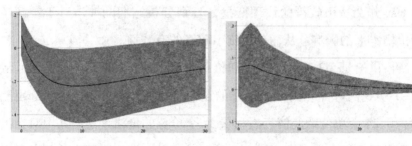

图 2 - 2　利率 Chibor 对经济产出和价格水平的影响

说明：1. 本图由 stata14 软件输出得到，输出结果中纵轴标度显示部分小数点前的 0 被省略了，如".1"表示为"0.1"；2. 左图为利率 Chibor 对经济产出，右图为利率 Chibor 对价格水平的影响的脉冲响应图。

信贷规模 loan 对经济产出和价格水平的影响如图 2 - 3 所示。从图 2 - 3 中我们可以看出一个单位的正向信贷规模 loan 冲击，分别能够提高 0.23 个单位的经济产出和 0.19 个单位的价格水平。其中对经济产出的影响在第 5 期达到最大值，然后冲击效应逐步减弱，并在第 15 期开始产生相反的影响，最后在低 30 期左右进入稳态；对价格水平的影响在第 5 期达到最大值，然后冲击效应逐步减弱，并在第 20 期左右进入稳态。

通过研究图 2 - 1，2 - 2，2 - 3，无论是货币供给量 M2、利率 Chibor 还是信贷规模 loan，都能有效地影响经济产出和价格水平。但是它们的影响明显存在差异性。一方面，货币供给量 M2、利率 Chibor 和信贷规模 loan 对经济产出的影响，在程度上相差不大，但是从影响时间上来说，利率对经济产出的影响无疑是最长的，也就是说采用利率手段来调节的影响更加持久；另一方面，货币供给量 M2、利率 Chibor 和信贷规模 loan 对于价格水平的影响，在程度上其中货币供给量 M2 和信贷规模 loan 的影响相近，而利率 Chibor 的影响要小很多，但是从影响时间上来看，三者差别不大。

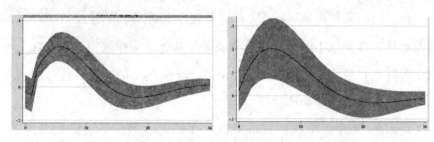

图 2 - 3　信贷规模 loan 对经济产出和价格水平的影响

说明：1. 本图由 stata14 软件输出得到，输出结果中纵轴标度显示部分小数点前的 0 被省略了，如 ".1" 表示为 "0.1"；2. 左图为信贷规模 loan 对经济产出，右图为信贷规模 loan 对价格水平的影响的脉冲响应图。

二、宏观经济不确定性对货币政策有效性的影响

世界经济增长乏力，资本市场和大宗商品市场波动风险加剧，国内外不确定性因素加深，加大宏观经济政策的实施难度，系统性风险加剧，产能过剩和结构失衡以及资源错配问题日益显现，而这些问题加剧了不确定性的产生，防风险和降低不确定性是政府与市场亟待解决的重任，因此，宏观经济不确定性引起了决策层和公众的高度关注。所以本书在上文讨论货币供给 M2、利率和信贷对经济产出和价格水平的影响的研究基础上，加入宏观经济不确定性这一因素，来研究宏观经济不确定性是否会弱化货币政策有效性。

我们根据宏观经济不确定性指数的大小，按照 30 百分位的标准将

样本分成两部分，其中以宏观经济不确定性中较高的 30% 作为高宏观经济不确定性样本，以宏观经济不确定性中较低的 30% 作为低宏观经济不确定性样本。

（一）宏观经济不确定性对数量型货币政策有效性的影响

我们以广义货币供应量 M2 和信贷规模 loan 作为数量型货币政策的代理变量，考察在不同宏观经济不确定性条件下货币政策的有效性。得到在高低宏观经济不确定性下 M2 和信贷规模 loan 的冲击对经济产出和价格水平影响的脉冲响应结果。

从图 2-4 左图中我们可以看出，在低宏观经济不确定性条件下，货币供应量 M2 的冲击对经济产出 GDP 的影响。从图中我们可以看出，一个正向的 1 个单位的货币供应 M2 的冲击能够增加大概 0.25 个单位的经济产出，同时，冲击后第 3 期达到峰值，第 6 期影响就进入稳态。从图 2-4 右图中我们可以看出，在高宏观经济不确定性条件下，货币供应量 M2 的冲击对经济产出 GDP 的影响。从图中我们可以看出，一个正向的 1 个单位的货币供应 M2 的冲击能够增加大概 0.08 个单位的经济产出，同时，冲击在第 1 期就达到峰值，第 3 期就进入稳态。对比上述两种情况，我们发现随着宏观经济不确定性的提高，货币供应量 M2 对宏观经济的影响不断减小，不难看出在高宏观经济不确定性条件下，货币供应量 M2 对产出 GPD 影响只有低宏观经济不确定性时的 32% 左右，同时影响时间也大幅度缩短。所以，宏观经济不确定性会弱化货币供给量 M2 对经济产出的影响。

为什么宏观经济不确定性会减弱货币供应量 M2 对宏观经济的影响？原因可能有以下几种情况：一方面，随着宏观经济不确定性的提高，社会投资的积极性也越来越低，从而导致产出的减少。因为随着宏

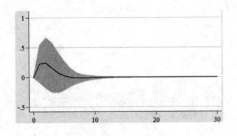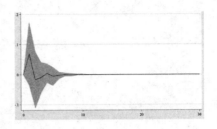

图 2 - 4 宏观经济不确定性条件下 M2 对 GDP 脉冲响应图

说明：1. 本图由 stata14 软件输出得到，输出结果中纵轴标度显示部分小数点前的 0 被省略了，如 ".1" 表示为 "0.1"；2. 左图和右图分别为高宏观经济不确定性与低宏观经济不确定性下 M2 对经济产出冲击的脉冲响应图。

观经济不确定性的提高，市场预期的不确定性也越来越高，而作为投资者，在市场预期变得不确定时，很难估算投资收益，所以即使货币成本降低，理性的投资者也会减少投资，更愿意持有货币或者进行一些保守型投资，导致社会总体投资规模增加不及政策制定者的预期，所以货币政策传导效率下降。另一方面，随着宏观经济不确定性的提高，社会总体消费也会降低。因为随着经济不确定性的提高，人们会增加储蓄减少消费来应对未来可能出现的风险，同时，因为投资增加少于政策制定者预期，所以人们的收入也会少于预期，消费水平增加也少于预期，所以，即使因为货币成本降低，整个社会消费水平也会随着宏观经济不确定性的提高而减少，导致社会总体投资规模增加不及政策制定者的预期，所以货币政策传导效率下降。

从图 2 - 5 左图中我们可以看出，在低宏观经济不确定性条件下，信贷规模的冲击对经济产出 GDP 的影响。从图中我们可以看出，一个正向的 1 个单位的信贷规模的冲击能够增加大概 0.3 个单位的产出，同

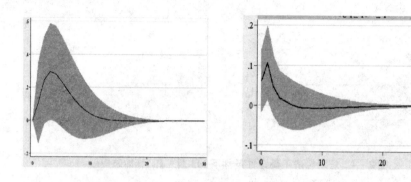

图2-5　宏观经济不确定性条件下信贷对GDP影响

说明：1. 本图由 stata14 软件输出得到，输出结果中纵轴标度显示部分小数点前的0被省略了，如".1"表示为"0.1"；2. 左图和右图分别为高宏观经济不确定性与低宏观经济不确定性下信贷对经济产出冲击的脉冲响应图。

时，冲击在第4期达到峰值，第12期影响就进入稳态。从图2-5左图中我们可以看出，在高宏观经济不确定性条件下，信贷规模的冲击对经济产出 GDP 的影响。从图中我们可以看出，一个正向的1个单位的信贷规模的冲击能够增加大概0.1个单位的产出，同时，冲击后第2期达到峰值，第6期影响就进入稳态。我们发现随着宏观经济不确定性的提高，信贷对宏观经济的影响不断减小，不难看出在高宏观经济不确定性条件下，信贷冲击对产出 GPD 影响只有低宏观经济不确定性时的33%。同时影响时间也大幅度缩短。所以，宏观经济不确定性会弱化信贷 loan 对经济产出的影响。

为什么宏观经济不确定性会减弱信贷对宏观经济的影响？原因可能有以下几种情况：一方面，对银行来说，随着宏观经济不确定性的提高，银行会减少信贷规模，同时也更愿意将资金借给国有企业和风险更小的传统行业，而民营企业和高科技企业这些更具经济活力的代表，却很难获得银行贷款，导致资金的错配，从而降低产出。银行为了自身经营业绩，会选择更少的贷款及更稳妥的贷款企业，从而导致资源错配，降低了产出，最终导致货币政策传导效率下降。另一方面，对于企业来说，随着宏观经济不确定性的提高，企业会预期未来外部融资难度加大，从而导致企业会将从银行贷的款保留下来，以应对未来可能出现的资金流困难等问题，同时因为宏观经济不确定性的提高，企业会对未来预期发生变化，企业会选择更加保守的经营策略，甚至收缩经营范围，以抵御未来不确定性所带来的风险，从而企业会将更多的银行贷款保留下来，而不是用于投资。所以随着宏观经济不确定性的提高，即使企业获得更多的贷款，企业也会将更多的资金保留下来，来应对未来可能出现的危机，进而导致产出的增加小于政策制定者预期，从而降低了货币政策的传导效率。

通过观察图 2-4 和图 2-5，宏观经济不确定性会弱化货币供给量 M2 和信贷 loan 对经济产出的影响，但是不会改变影响的方向。也就是说，虽然宏观经济不确定性会弱化货币供给量 M2 和信贷 loan 对经济产出的影响，但是增加货币供给量 M2 和信贷 loan 仍然会促进经济增长。同时我们发现，在高宏观经济不确定性条件下货币供给量 M2 对经济产出的影响在第 3 期就回归稳态，而信贷 loan 对经济产出的影响在第 6 期回归稳态。所以，信贷 loan 对经济产出的影响时间要长于货币供给量 M2。

总体而言，宏观经济不确定性会弱化货币供给量 M2 和信贷 loan 对经济产出的影响，但是不会改变影响的方向，并且会减短影响时间。

从图 2-6 左图中我们可以看出，在低宏观经济不确定性条件下，货币供应量 M2 的冲击对价格水平的影响。从图中我们可以看出，一个

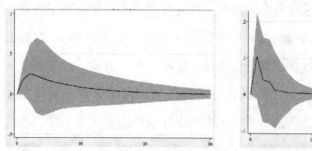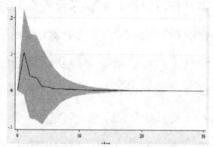

图 2 - 6　宏观经济不确定性条件下 M2 对价格水平的脉冲响应图

说明：1. 本图由 stata14 软件输出得到，输出结果中纵轴标度显示部分小数点前的 0 被省略了，如".1"表示为"0.1"；2. 左图和右图分别为高宏观经济不确定性与低宏观经济不确定性下 M2 对价格水平的冲击的脉冲响应图。

正向的 1 个单位的货币供应 M2 的冲击能够增加大概 0.25 个单位的价格水平，同时，冲击后第 3 期达到峰值，第 12 期影响就进入稳态。从图 2-6 右图中我们可以看出，在高宏观经济不确定性条件下，货币供应量 M2 的冲击对价格水平的影响。从图中我们可以看出，一个正向的 1 个单位的货币供应 M2 的冲击能够增加大概 0.1 个单位的价格水平，同时，冲击在第 2 期就达到峰值，第 6 期就进入稳态。对比上述两种情况，我们发现随着宏观经济不确定性的提高，货币供应量 M2 对宏观经济的影响是不断减小，不难看出在高宏观经济不确定性条件下，货币供应量 M2 对价格水平的影响只有低宏观经济不确定性时的 40% 左右，同时影响时间也大幅度缩短。所以，宏观经济不确定性会弱化货币供给量 M2 对价格水平的影响。

从图 2-7 左图中我们可以看出，在低宏观经济不确定性条件下，信贷规模 loan 的冲击对价格水平的影响。从图中我们可以看出，一个正向的 1 个单位的信贷规模 loan 的冲击能够增加大概 0.23 个单位的价

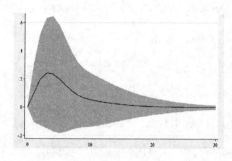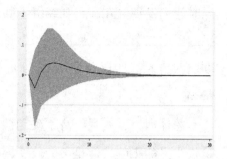

图 2 –7　宏观经济不确定性条件下信贷 loan 对价格水平的脉冲响应图

说明：1. 本图由 stata14 软件输出得到，输出结果中纵轴标度显示部分小数点前的 0 被省略了，如".1"表示为"0.1"；2. 左图和右图分别为高宏观经济不确定性与低宏观经济不确定性下信贷 loan 对价格水平的冲击的脉冲响应图。

格水平，同时，冲击后第 6 期达到峰值，第 15 期影响就进入稳态。从图 2 –7 右图中我们可以看出，在高宏观经济不确定性条件下，信贷规模 loan 的冲击对价格水平的影响。从图中我们可以看出，一个正向的 1 个单位的信贷规模 loan 的冲击能够增加大概 0. 05 个单位的价格水平，同时，冲击在第 4 期就达到峰值，第 12 期就进入稳态。对比上述两种情况，我们发现随着宏观经济不确定性的提高，信贷规模 loan 对宏观经济的影响不断减小，不难看出在高宏观经济不确定性条件下，信贷规模 loan 对价格水平的影响只有低宏观经济不确定性时的 20% 左右，同时影响时间也大幅度缩短。所以，宏观经济不确定性会弱化信贷规模 loan 对价格水平的影响。

　　通过观察图 2 –6 和图 2 –7，宏观经济不确定性会弱化货币供给量 M2 和信贷 loan 对价格水平的影响，但是不会改变影响的方向。也就是说，虽然宏观经济不确定性会货币供给量 M2 和信贷 loan 对价格水平的影响，但是增加货币供给量 M2 和信贷 loan 仍然会促进价格水平上涨。

同时我们发现，在高宏观经济不确定性条件下货币供给量 M2 对价格水平的影响在第 6 期就回归稳态，而信贷 loan 对价格水平的影响在第 12 期回归稳态。所以信贷 loan 对价格水平的影响时间要长于货币供给量 M2。

总体而言，宏观经济不确定性会弱化货币供给量 M2 和信贷 loan 对价格水平的影响，但是不会改变影响的方向，并且会减短影响时间。

通过上面的研究，我们发现，无论是货币供给 M2 还是信贷 loan，宏观经济不确定性都会弱化它们的调控有效性，但是只会在程度进行影响，不会对影响方向造成影响，同时也会弱化它们的影响时间。因此，我们得出结论：宏观经济不确定性会弱化数量型货币政策的有效性。

（二）宏观经济不确定性对价格型货币政策有效性的影响

我们以中国银行间拆借利率（7 天）Chibor 作为数量型货币政策的代理变量，考察在不同宏观经济不确定性条件下，货币政策的有效性。得到在高低宏观经济不确定性下中国银行间拆借利率（7 天）Chibor 的冲击对经济产出和价格水平影响的脉冲响应结果。

从图 2-8 左图中我们可以看出，在低宏观经济不确定性条件下，利率 Chibor 的冲击对经济产出 GDP 的影响。从图中我们可以看出，一个正向的 1 个单位的利率 Chibor 的冲击能够减少大概 0.36 个单位的经济产出，同时，冲击后第 4 期达到峰值，第 16 期影响就进入稳态。从图 2-8 右图中我们可以看出，在高宏观经济不确定性条件下，利率 Chibor 的冲击对经济产出 GDP 的影响。从图中我们可以看出，一个正向的 1 个单位的利率 Chibor 的冲击能够增加大概 0.06 个单位的经济产出，同时，冲击在第 3 期就达到峰值，第 7 期就进入稳态。对比上述两种情况，我们发现随着宏观经济不确定性的提高，利率 Chibor 对宏观

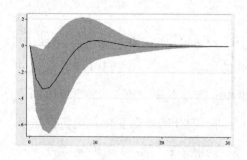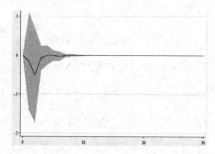

图 2 – 8 宏观经济不确定性条件下利率对经济产出的脉冲响应图

说明：1. 本图由 stata14 软件输出得到，输出结果中纵轴标度显示部分小数点前的 0 被省略了，如 ".1"表示为"0.1"；2. 左图和右图分别为高宏观经济不确定性与低宏观经济不确定性下利率对经济产出的冲击的脉冲响应图。

经济的影响是不断减小，不难看出在高宏观经济不确定性条件下，利率 Chibor 对产出 GPD 影响只有低宏观经济不确定性时的 18% 左右，同时影响时间也大幅度缩短。所以，宏观经济不确定性会弱化利率 Chibor 对经济产出的影响。

为什么宏观经济不确定性会减弱利率 Chibor 对宏观经济的影响？原因可能有以下几种情况：一方面，随着宏观经济不确定性的提高，社会投资的积极性也越来越低，从而导致产出的减少。因为随着宏观经济不确定性的提高，市场预期的不确定性也越来越高，而作为投资者，在市场预期变得不确定时，很难估算投资收益，所以即使货币成本降低，理性的投资者也会减少投资，更愿意持有货币或者进行一些保守型投资，从而社会总体投资规模增加不及政策制定者的预期，货币政策传导效率下降。另一方面，随着宏观经济不确定性的提高，市场上的投资已经比较低了，并且大部分可能都是最基础的投资，即使提高了利率，投资并不会减少太多，所以经济产出下降幅度有限，货币政策传导效率下降。

从图 2 - 9 左图中我们可以看出，在低宏观经济不确定性条件下，利率 Chibor 的冲击对经济产出 GDP 的影响。从图中我们可以看出，一个正向的 1 个单位的利率 Chibor 的冲击能够减少大概 0.25 个单位的价格水平，但是随着时间的推移，冲击的影响开始出现变化，由负向影响变成正向影响。同时，冲击后第 5 期达到峰值，第 30 期影响就进入稳态。从图 2 - 9 右图中我们可以看出，在高宏观经济不确定性条件下，利率 Chibor 的冲击对经济产出 GDP 的影响。从图中我们可以看出，一个正向的 1 个单位的利率 Chibor 的冲击能够增加大概 0.06 个单位的价格水平，同时，冲击在第 3 期就达到峰值，第 7 期就进入稳态。

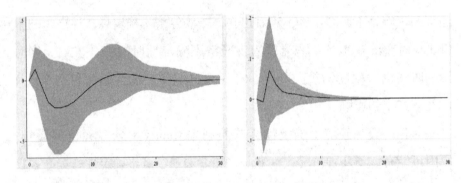

图 2 - 9　宏观经济不确定性条件下利率对价格水平的脉冲响应图

说明：1. 本图由 stata14 软件输出得到，输出结果中纵轴标度显示部分小数点前的 0 被省略了，如 ".1" 表示为 "0.1"；2. 左图和右图分别为高宏观经济不确定性与低宏观经济不确定性下利率对价格水平的冲击的脉冲响应图。

总的来说，宏观经济不确定性会弱化利率 Chibor 对经济产出和价格水平的影响，并且会减短影响时间。其中，宏观经济不确定性不会改变利率 Chibor 对经济产出影响的方向，但是，宏观经济不确定性会改变利率 Chibor 对价格水平影响的方向。

本章小结

本章主要研究了宏观经济不确定性是否会对货币政策有效性带来影响。本书采用我国 2005—2017 年宏观经济数据，首先研究了货币政策对经济产出和价格水平是否存在有效的影响，然后考察在宏观经济不确定性变化的情况下，货币供给量 M2、信贷和利率的冲击对经济产出和价格水平的影响是否发生变化以及变化的程度。研究发现：

第一，宏观经济不确定性会弱化数量型货币政策有效性，会在边际上显著降低政策刺激对产出的促进效果，但基本上不会改变其作用方向。具体而言，随着宏观经济不确定性的提高，货币供给量 M2 和信贷 loan 对经济产出和价格水平的影响都会减小，影响时间也会变短，但是不会改其作用方向。

第二，宏观经济不确定性会弱化价格型货币政策有效性，不会改变其对经济产出作用方向，但是改变其对价格水平的作用方向。具体而言，随着宏观经济不确定性的提高，利率对经济产出和价格水平的影响都会减小，影响时间也会变短。但是对于价格水平来说，宏观经济不确定性会改变利率冲击对价格水平的影响方向。

第三章

宏观经济不确定性对货币政策
结构调整功能的影响

本章从产业结构的角度来研究宏观经济不确定性对货币政策结构调整功能的影响。本章首先通过实证检验了货币政策对产业结构的影响，分析货币政策对我国三大产业影响大小。然后，通过实证进一步分析了在宏观经济不确定性变化的条件下，货币政策对三大产业的影响是否存在差异性，从而研究出宏观经济不确定性对货币政策产业结构调整效应的影响。

第一节　理论分析与研究假设的提出

本章从产业结构效应的视角出发，对中国货币政策的结构效应及其在宏观经济不确定性影响如何变化进行实证检验。这对于我们准确评估货币政策的调控效果，根据新常态下的经济运行特征更加准确地选择货币政策工具和调控策略，在调控经济总量的同时兼顾优化经济结构的目标，具有重要的指导和借鉴意义。

一、货币政策产业结构效应

对货币政策非对称效应的关注始于 20 世纪 20 年代爆发的经济大萧条。经典的货币政策非对称效应主要是指，相同幅度负向货币冲击引起的产出下降大于正向货币冲击引致的产出增加。随着货币政策实践和理论研究的逐步深入，中央银行和学者们开始关注货币政策的产业结构效应。可以从两个层面来理解货币政策的产业结构效应：一是不同的货币政策工具表现出不同的产出效应，即利率、货币供应量、公开市场业务等货币政策工具对宏观经济的影响存在较大的差异；二是中央银行实施统一的货币政策，但由于不同产业的发展阶段、市场结构、技术水平、产品的需求结构、资本劳动密集程度、产业内企业规模等差距较大，紧缩性货币政策或扩张性货币政策对不同产业的影响效应会呈现出较大的差异。

伯南克和格特勒（1995）开创了货币政策产业结构效应研究的先河。他们从信贷传导渠道入手，运用 VAR 模型研究货币政策对不同行业的影响是否存在差异，发现货币政策对最终产出的各个组成部分（如耐用品消费、非耐用品消费、住宅投资和商业投资等）的影响不同。迪多拉和里皮（2005）利用 SVAR 模型分析了德国、法国、意大利、英国和美国等 5 个国家 21 个制造业部门的面板数据。研究发现，不同行业对货币政策影响的反应存在显著差异。产品耐久性、企业融资需求、融资能力和企业规模是影响货币政策产业效应的重要因素。杰森等（2013）利用美国上市公司的数据，发现企业规模对货币政策效果有重要影响，而流动资金、短期负债率和企业杠杆率的影响是不确定的。

国内学者王剑和刘玄（2005）利用 VAR 模型研究了各行业对货币政策影响的反应速度和深度，发现货币政策的传导效应表现出显著的行业差异，其中第二、三产业对货币政策的反应更为敏感，而第一产业并不敏感。戴金平等（2005）实证分析了 6 个行业对我国货币政策影响的反应。闫红波和王国林（2008）发现，货币政策的产出效应与产业产出效率和企业规模呈负相关，与资本密集度和对外依存度呈正相关，货币政策的价格效应与资本密集度呈负相关。曹永琴（2010）指出，各行业有形资产比重的差异以及由此产生的金融摩擦差异、各行业市场结构的差异、我国信贷体系的独特安排，是货币政策效应不对称的重要原因。

二、研究假设的提出

从已有的研究中我们可以发现，货币政策冲击对不同产业的速度和深度是不是一样的，其中对第二产业和第三产业影响较为明显，而对于第一产业影响比较小，但是很少有文献从宏观经济不确定性的角度研究货币政策对产业结构的影响。因此，本章准备从宏观经济不确定性的视角下研究货币政策冲击对不同产业的影响。

首先是宏观经济不确定性变化如何影响货币政策冲击对第一产业的影响。因为第一产业是关系到国家命脉的产业，是人们生活的必需品，涉及一个国家的粮食安全，所以政府无论在政策还是资金上的都是有着绝对保障的。因此提出假设一：随着宏观经济不确定性变化，货币政策冲击对第一产业的影响很小。

其次是宏观经济不确定性变化如何影响货币政策冲击对第二产业和第三产业的影响。相比较于第一产业，第二产业和第三产业更容易受到货币政策冲击的影响。因此提出假设二：随着宏观经济不确定性变化，货币政策冲击对第二产业和第三产业的影响比较大。

最后考虑到第二产业和第三产业之间差别，随着宏观经济不确定性的变化，货币政策冲击对第二产业和第三产业的影响也发生了变化。因为相比较于第三产业，第二产业有着更多抵押物，更容易在高宏观经济不确定性时获得资金来源，所以第三产业更容易受到宏观经济不确定性的影响。因此提出假设三：较高的宏观经济不确定性，会使货币政策冲击对第二产业的影响大于对第三产业的性影响。

第二节 研究设计

一、数据来源与样本选择

本章主要采用了 2005—2017 年中国宏观经济数据，主要包括货币供应量 M2、银行间 7 天拆借利率 interest、居民消费价格指数 CPI、第一产业产出 AGR、第二产业产出 IND 以及第三产业产出 SER 等数据，数据主要来源是国泰安 CSMAR 数据库（见表 3 - 1）。其中货币供应量 M2 和居民消费价格指数 CPI 是月度数据，银行间 7 天拆借利率 Chibor 是日频数据，第一产业产出 AGR、第二产业产出 IND 以及第三产业产出 SER 是季度数据。为了保证数据频度的一致性，本章使用混频的方法，将所有数据变为月度数据。本书采用了高华川、白仲林（2016）提出的 EM 算法，估算出 GDP 的月度数值。同时为了分析不同宏观经济不确定性条件下的影响情况，本书将按照宏观经济不确定性大小将样本分成两部分，其中以宏观经济不确定性中较高的 30% 作为高宏观经济不确定性样本，以宏观经济不确定性中较低的 30% 作为低宏观经济不确定性样本。

表 3 - 1 主要变量

变量名	变量	变量含义
M2	货币供应量	每季度央行公布的货币供应量增长率
interest	7 天银行间拆借利率	中国银行间拆借利率 Chibor
CPI	居民消费价格指数	消费价格的同比增长率
AGR	第一产业产出	第一产业产出增长率
IND	第二产业产出	第二产业产出增长率
SER	第三产业产出	第三产业产出增长率

二、模型的构建

（一）混频因子 EM 模型

混频因子模型是采用不同抽样频度变量构成的因子模型。因为在宏观经济变量中，月度数据和季度数据比较常见，也基本上能够反映宏观经济运行的基本状况。因此，本书主要讨论研究如何将月度数据和季度数据纳入同一因子模型，构建混频因子模型。为了达到这一目的，本书首先研究了月度数据和季度数据之前的联系。

（二）VAR 模型

为了研究宏观经济不确性视角下货币政策对产业结构的影响，本书采用向量自回归 Var 模型：

$$y_t = b_0 + \sum_{p=1}^{p} b_p y_{t-p} + u_t \qquad (3-1)$$

在模型（3-1）中，向量 y_t 含有货币供应量 M2、银行间 7 天拆借利率 Chibor、居民消费价格指数 CPI、第一产业产出 AGR、第二产业产出 IND 以及第三产业产出 SER 等变量。为了区分宏观经济不确定性的高低，我们按照宏观经济不确定性 UNC 的高低，将样本分成两部分，其中以宏观经济不确定性中较高的 30% 作为高宏观经济不确定性样本 y_t^{high}，以宏观经济不确定性中较低的 30% 做为低宏观经济不确定性样本 y_t^{low}。所以得到：

$$y_t^{high} = b_0 + \sum_{p=1}^{P} b_p^{high} y_{t-p}^{high} + u_t \qquad (3-2)$$

$$y_t^{low} = b_0 + \sum_{p=1}^{P} b_p^{low} y_{t-p}^{low} + u_t \qquad (3-3)$$

其中式（3-2）用于分析在高宏观经济不确定性情况下，货币政策冲击对三大产业的影响。式（3-3）用于分析在低宏观经济不确定性情况下，货币政策冲击对三大产业的影响。

第三节　实证分析

一、描述性统计

表 3-2 给出了主要变量的描述性统计。其中，第一产业的增长率均值是 3.753%，增长率较小，说明第一产业的增长速度相对较慢，所以第一产业的收益也相对较低；另一方面，第一产业产出的方差只有 0.742，波动率比较低，也就是说，第一产业对于外面变化的敏感度比较低。而第二产业和第三产业的增长率均值分别是 9.774% 和 9.7%，

增长率明显高于第一产业，也就是说，第二产业和第三产业投资收益可能大于第一产业；另一方面，第二产业和第三产业方差分别是 3.218 和 2.521，说明第二产业和第三产业的波动比较大，或者说第二产业和第三产业比第一产业更容易受到外界因素的影响。

为什么第一产业的波动小于第二产业和第三产业呢？在我们的传统观念中，我们认为第一产业波动应该更大才对，因为第一产业很容易受到极端天气、虫害和不当的储存方式等等自然或者人为灾害的影响，所以第一产业的波动应该更大。但是随着科学技术的发展，现代农业抵御自然灾害的能力越来越有力，同时，国家为了维护粮食安全，出台了各种措施，来保证粮食生产的安全。所以，随着社会的发展，第一产业的发展变得更加稳定和安全。

表 3-2　主要变量描述性统计

Variable	Obs	Mean	Std. Dev.	Min	Max
UNC	143	0.673	0.14	0.477	1.017
i	143	3.015	1.275	0.88	8.135
GDP	143	9.21	2.53	5.34	15.19
CPI	143	2.697	2.104	−1.8	8.7
M2	143	16.11	4.461	9.2	29.74
AGR	143	3.753	0.742	0.66	5.56
IND	143	9.774	3.218	3.6	15.77
SER	143	9.7	2.521	6.43	16.32

二、货币政策冲击对产业结构的影响

那么货币政策对产业结构是否存在影响呢？本书利用前文构建的

VAR 模型，从产业结构效应视角出发，分别对广义货币供给量 M2 和银行同业拆借利率 Chibor 的结构效应进行实证检验。

（一）数量型货币政策的产业结构效应

我们以广义货币供应量 M2 作为数量型货币政策的代理变量，考察货币政策的产业结构效应。得到 M2 冲击对第一产业、第二产业、第三产业影响的脉冲响应结果。如图 3 - 1、3 - 2、3 - 3 所示。

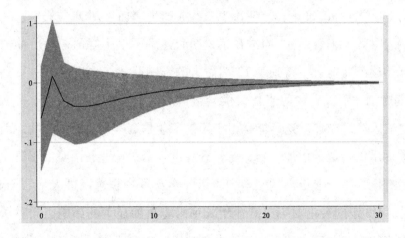

图 3 - 1　M2 对第一产业冲击的脉冲响应图

说明：本图由 stata14 软件输出得到，输出结果中纵轴标度显示部分小数点前的 0 被省略了，如".1"表示为"0.1"。

从图 3 - 1 中，我们可以发现，从冲击的影响程度上来看，一个正向的 1 单位的 M2 冲击，会使得第一产业产生减少 0.05 单位影响。同时，从冲击响应时间上来看，M2 冲击后第 1 期，对于第一产业产出有一个短暂的提升，随后 M2 冲击对第一产业逐渐产生负向影响，第 5 期达到最高峰值，然后冲击效应开始逐渐减弱，一直到第 12 期冲击的影响消失。为什么货币供给量增加第一产业的产出反而出现了减少？这可能是因为货币供给量增加时，增加的资金不但没有流入第一产业，甚至可能从第一产业流出。这是由于第一产业的收益较低，因此随着货币供给量的增加，资金可以选择收益更高的第二产业和第三产业；同时由于第二产业和第三产业收益进一步提高，导致第一产业的原有资金也有可能因为追求高收益而进入其他产业。

从图 3 - 2 中，我们可以发现，从冲击的影响程度上来看，一个正向的 1 单位的 M2 冲击，会使得第二产业产生增加 0.24 单位影响。从冲击响应时间上来看，M2 冲击在第 8 期时达到了最大峰值，然后冲击效应开始逐渐减弱，一直到第 12 期冲击的影响开始小幅度反转，直到第 30 期影响才消失。说明当货币供给量增加时，增加的资金有比较大的比例流入第二产业。这可能是由于第二产业是资本密集型的产业，因此随着货币供给量的增加，资金比较容易进入第二产业；同时由于第二产业拥有比第一产业更高的收益，所以资金会进一步选择进入第二产业。因此，M2 正向冲击对第二产业增长率有着更加显著的影响。同时从脉冲响应的响应时间上来看，M2 冲击对于第二产业的影响时间非常长，说明 M2 的冲击对第二产业的影响是长期的。

从图 3 - 3 中，我们可以发现，从冲击的影响程度上来看，一个正向的 1 单位的 M2 冲击，会使得第三产业产生 0.11 单位影响，从冲击响应时间上来看，M2 冲击在第 4 期时达到了最大峰值，然后冲击效应开始逐渐减弱，一直到第 18 期冲击的影响消失。说明当货币供给量增加时，增加的资金有比较大的比例流入第三产业。但是相比较于第二产业，第三产业内部结构更加多元，很多行业都是垄断程度或者进入门槛较高，所以增量资金比较难以进入这些行业。所以第三产业整体增长比第二产业要低。

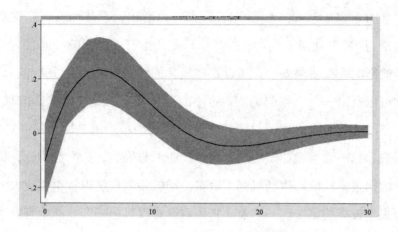

图 3 - 2 M2 对第二产业冲击的脉冲响应图

说明：本图由 stata14 软件输出得到，输出结果中纵轴标度显示部分小数点前的 0 被省略了，如".1"表示为"0.1"。

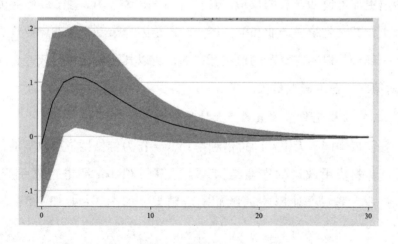

图 3 - 3 M2 对第三产业冲击的脉冲响应图

说明：本图由 stata14 软件输出得到，输出结果中纵轴标度显示部分小数点前的 0 被省略了，如".1"表示为"0.1"。

从图 3-1、3-2、3-3 中，我们可以看出，总体而言，广义货币供应量 M2 的变化对三大产业的产出都能产生有效的影响，而且对三大产业的影响存在明显差异，所以存在显著的结构效应。通过脉冲响应图我们可以看出，一个正向的 M2 的冲击，对第二产业产出的影响最大，对第三产业的影响次之，对第一产业的影响最小。这是因为第一产业，包括农、林、牧、渔业是劳动密集型产业。与第二、三产业相比，第一产业的回报率较低。市场机制下资本流动的逐利性使得货币供应大多进入回报率较高的第二、三产业，货币政策难以对第一产业产生有效影响（王剑和刘玄，2005）。相比之下，第二产业和第三产业的一些重点产业，如金融和房地产资本密集型产业，大部分资金直接或间接来源于银行贷款，这决定了它们对货币政策更加敏感，因此能够对货币政策的变化做出更加迅速和显著的反应。从反应时间来看，M2 对第二产业的影响最大，其次是第三产业和第一产业。这是因为第二产业的产业资本有很大一部分是以固定资产的形式存在的，所以其流动性相对较差，所以M2 对第二产业的影响最大。

（二）价格型货币政策的产业结构效应

我们以中国 7 天银行间拆借利率 Chibor 作为价格型货币政策的代理变量，考察货币政策的产业结构效应。得到 Chibor 冲击对第一产业、第二产业、第三产业影响的脉冲响应结果。如图 3-4、3-5、3-6 所示。

从图 3-4、3-5、3-6 可以看出，7 日同业拆借利率 Chibor 的变化也能有效调控不同地区三大产业的产值，具有显著的结构性效应。通过比较三次产业产值对 Chibor 影响的脉冲响应可以看出，Chibor 对第二产业的正向影响最大，其次是对第一产业的正向影响，对第三产业的正

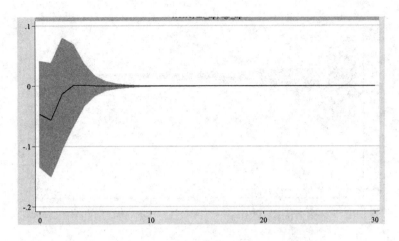

图3-4　Chibor 对第一产业冲击的脉冲响应图

说明：本图由 stata14 软件输出得到，输出结果中纵轴标度显示部分小数点前的 0 被省略了，如".1"表示为"0.1"。

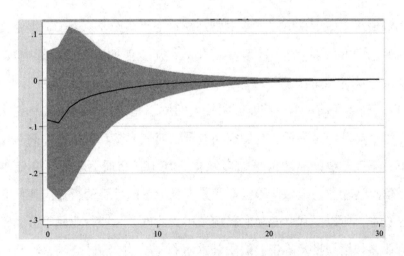

图3-5　Chibor 对第二产业冲击的脉冲响应图

说明：本图由 stata14 软件输出得到，输出结果中纵轴标度显示部分小数点前的 0 被省略了，如".1"表示为"0.1"。

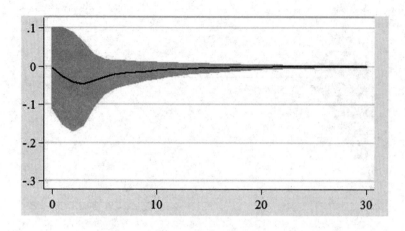

图3-6 Chibor 对第三产业冲击的脉冲响应图

说明：本图由 stata14 软件输出得到，输出结果中纵轴标度显示部

分小数点前的 0 被省略了，如 ".1" 表示为 "0.1"。

向影响最小，原因是第二产业主要是资本密集型产业。由于资本密集型产业使用资本较多，当利率发生变化时，对企业的财务费用影响较大，因此会影响企业的投资，最终影响产业的产出（吉红云和干杏娣，2014）。利率变动对第一产业影响较大的原因是其市场结构几乎完全竞争，整个产业回报率低，利润空间有限，对利率变动的敏感性高。相比之下，第三产业内部结构更加多元化。其中，交通运输业、仓储邮政业、信息运业、金融业等资本密集度高、垄断性强的行业。他们有足够的资本，所以受利率变动的影响较小。此外，一些行业属于劳动密集型行业，如贸易批发零售、娱乐餐饮等行业。由于银行贷款资金有限，他们也较少受到利率的影响。但是，主要由国家支持的产业，如卫生、社会保障和福利、水利、环境和公共设施，受利率变化的影响较小，因此，利率变动对第三产业的影响不大。

（三）价格因素对产业结构的影响

我们以居民消费价格指数 CPI 作为价格因素的代理变量，考察货币政策的产业结构效应。得到 CPI 冲击对第一产业、第二产业、第三产业影响的脉冲响应结果。如图 3-7、3-8、3-9 所示。

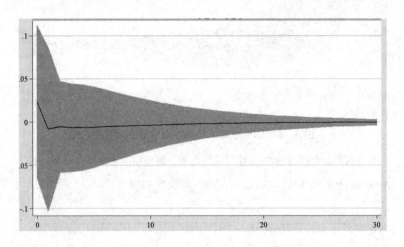

图 3-7　CPI 对第一产业冲击的脉冲响应图

说明：本图由 stata14 软件输出得到，输出结果中纵轴标度显示部分小数点前的 0 被省略了，如 ".1" 表示为 "0.1"。

从图 3-7 中，我们可以发现，从冲击影响的程度上来看，一个正向的 1 单位的 CPI 冲击，会使得第一产业产出增加 0.025 单位影响；从冲击响应时间上来看，CPI 冲击在第 1 期时达到了最大峰值，第 2 期冲击的影响消失。说明当价格 P 上涨时，能够刺激第一产业的产出，但是第一产业相比较于第二、第三产业其产品附加值相对较低，所以价格变动对第一产业的影响比较小。从响应时间上来看，第 2 期冲击影响就消失了，说明 CPI 对第一产业的影响非常小，几乎没有影响。

从图 3-8 中，我们可以发现，从冲击影响的程度上来看，一个正

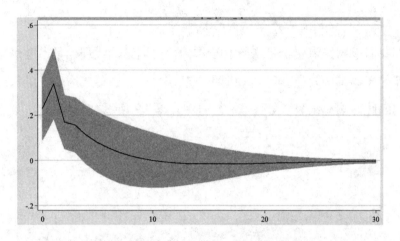

图 3 - 8　CPI 对第二产业冲击的脉冲响应图

说明：本图由 stata14 软件输出得到，输出结果中纵轴标度显示部分小数点前的 0 被省略了，如".1"表示为"0.1"。

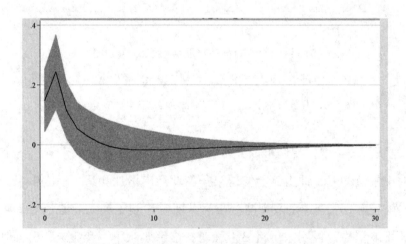

图 3 - 9　CPI 对第三产业冲击的脉冲响应图

说明：本图由 stata14 软件输出得到，输出结果中纵轴标度显示部分小数点前的 0 被省略了，如".1"表示为"0.1"。

向的 1 单位的 CPI 冲击，会使得第二产业产出增加 0.34 单位影响，从冲击响应时间上来看，CPI 冲击在第 2 期时达到了最大峰值，然后冲击效应开始逐渐减弱，一直到第 10 期冲击的影响消失。说明当价格上涨时，能够显著增加第二产业的产出。因为第二产业主要产品与价格指数相关性非常大，而且第二产业工业品的附加值显著高于第一产业农产品。因此，正向 CPI 的冲击能够显著增加第二产业的产出。

从图 3-9 中，我们可以发现，从冲击影响的程度上来看，一个正向的 1 单位的 CPI 冲击，会使得第三产业产出增加 0.23 单位影响，从冲击响应时间上来看，CPI 冲击在第 2 期时达到了最大峰值，然后冲击效应开始逐渐减弱，一直到第 5 期冲击的影响消失。说明当价格上涨时，能够增加第三产业产出。但是相比较于第二产业，第三产业内部结构更加多元，很多行业都是垄断程度或者进入门槛较高，并且第三产业靠近消费终端，而消费者对价格非常敏感，所以第三产业虽然增加了产出，但是明显小于第二产业。

从图 3-7、3-8、3-9 中，我们可以看出，总体而言，价格指数的变化对三大产业的产出都能产生有效的影响，而且对三大产业的影响存在明显差异，所以存在显著的结构效应。从脉冲响应图可以看出，CPI 的正向影响对第二产业的产出影响最大，其次是第三产业，对第一产业的影响最小。这是因为第一产业，包括农、林、牧、渔业是劳动密集型产业，与第二、三产业相比，第一产业的回报率较低。市场机制下资本流动的逐利性使得货币供应大多进入回报率较高的第二、三产业，货币政策难以对第一产业产生有效影响（王剑和刘玄，2005）。从反应时间来看，CPI 对第一产业、第二产业和第三产业的影响将很快消失。

我们通过货币供给量 M2，利率和价格指数 CPI 等变量，研究了他们对产业结构的影响。得到以下结论：

首先，无论是货币供给量 M2，利率还是价格指数 CPI 的变化冲击，都会对三大产业产生有效影响，并且这种影响存在一定的差异性，所以存在显著的结构效应。

其次，货币供给量、利率和价格指数对三大产业的结构效应存在一定的差异性。其中货币供给量和价格指数冲击，对于第二产业产出的影响最大，第三产业次之，对于第一产业的影响最小，并且货币供给对第一产业的冲击是负向的；而利率冲击，对第二产业的影响程度最大，对第一产业的影响程度次之，对第三产业的影响程度最小。

最后，从货币供给量、利率和价格指数对三大产业的影响程度上来看，价格指数最大，货币供给量次之，利率最小。从影响时间上来看，货币供给量最大，利率次之，价格指数最小。

三、宏观经济不确定性对货币政策的产业结构效应的影响

世界经济增长乏力，资本市场和大宗商品市场波动风险加剧，国内外不确定性因素加深，加大宏观经济政策的实施难度，系统性风险加剧，产能过剩和结构失衡以及资源错配问题日益显现，而这些问题加剧了不确定性的产生，防风险和降低不确定性是政府与市场亟待解决的重任，因此，宏观经济不确定性引起了决策层和公众的高度关注。所以，本书在上文讨论货币供给 M2、利率和价格指数对产业结构的影响的基础上，加入宏观经济不确定性这一因素，来研究货币政策的产业结构效应是否发生变化。

我们根据宏观经济不确定性指数的大小，按照 30 百分位的标准将样本分成两部分，其中以宏观经济不确定性中较高的 30% 作为高宏观

经济不确定性样本，以宏观经济不确定性中较低的 30% 作为低宏观经济不确定性样本。

（一）宏观经济不确定性对产业结构的影响

从冲击影响的程度上来看，图 3 - 10 表明宏观经济不确定性对第一产业有非常小的负向影响，也就是说，随着一个宏观经济不确定性的正向冲击，会使得第一产业产出小幅度下降；从冲击响应时间上来看，宏观经济不确定性冲击在第 4 期时达到了最大峰值，然后冲击效应开始逐渐减弱，一直到第 12 期冲击的影响消失。因为随着宏观经济不确定性的提高，第一产业会受到对未来预期的不确定性，导致产出减少；但是因为第一产业是国家命脉产业，关系到粮食安全，而且粮食属于生活必需品，弹性较小，所以宏观经济不确定性的提高，不会对第一产业造成较大的影响。因此，我们可以从图 3 - 10 中看出，宏观经济不确定性对第一产业产生了比较小的负面影响。

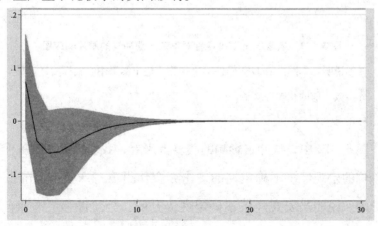

图 3 - 10　宏观经济不确定性对第一产业冲击的脉冲响应图

说明：本图由 stata14 软件输出得到，输出结果中纵轴标度显示部分小数点前的 0 被省略了，如 ".1" 表示为 "0.1"。

从图 3-11 中，我们可以发现，从冲击影响的程度上来看，一个正向的 1 单位的宏观经济不确定性的冲击，会使得第二产业产出降低 0.17 单位影响。说明当宏观经济不确定性提升时，会使得第二产业产出有减少。从冲击响应时间上来看，宏观经济不确定性冲击在第 5 期时达到了最大峰值，然后冲击效应开始逐渐减弱，一直到第 16 期冲击的影响消失。

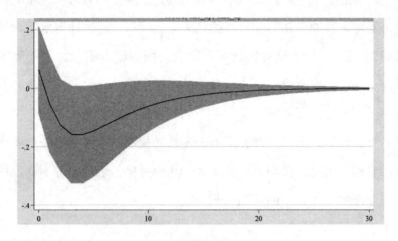

图 3-11　宏观经济不确定性对第二产业冲击的脉冲响应图

说明：本图由 stata14 软件输出得到，输出结果中纵轴标度显示部分小数点前的 0 被省略了，如".1"表示为"0.1"。

在图 3-12 中，从冲击影响的程度上来看，我们可以发现一个正向的 1 单位的宏观经济不确定性的冲击，会使得第三产业产出降低 0.18 单位影响。说明当宏观经济不确定性提升时，会使得第三产业产出减少。从冲击响应时间上来看，宏观经济不确定性冲击在第 3 期时达到了最大峰值，然后冲击效应开始逐渐减弱，一直到第 14 期冲击的影响消失。

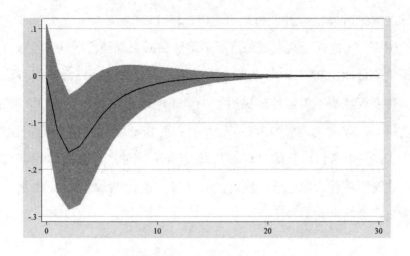

图 3 - 12　宏观经济不确定性对第三产业冲击的脉冲响应图

说明：本图由 stata14 软件输出得到，输出结果中纵轴标度显示部
分小数点前的 0 被省略了，如 ".1"表示为 "0.1"。

综合图 3 - 10、3 - 11 和 3 - 12，我们可以发现宏观经济不确定性对
三大产业都产生了有效影响，而且这些影响存在明显的差异。其中对第
三产业的影响最大，第二产业次之，第三产业最小。这因为第一产业关
系到国家粮食安全，所以外界不确定性冲击，不会对其产出造成太大影
响；并且其产品大部分属于生活必需品，所以外界条件的变化不会对需
求产生太大的影响，宏观经济不确定性对第一产业的影响最小。对于第
二和第三产业来说，宏观经济不确定性对他们的影响相差不大。

（二）宏观经济不确定性对数量型货币政策产业结构调整效应的
影响

我们以广义货币供应量 M2 作为数量型货币政策的代理变量，考察
在不同宏观经济不确定性条件下，货币政策的产业结构效应。得到在高
低宏观经济不确定性下 M2 冲击对第一产业、第二产业、第三产业影响

的脉冲响应结果。如图 3-13、3-14、3-15 所示。

图 3-13 描述了高宏观经济不确定性和低宏观经济不确定性条件下货币供给量冲击对第一产业产出的影响。对比图 3-13，我们可以发现，在宏观经济不确定性较高时，一个正向的 1 单位增量的 M2 冲击，会使第一产业产出降低 0.05 单位左右；而在低宏观经济不确定性时，一个正向的 1 单位增量的 M2 冲击，会使第一产业产出降低 0.09 单位左右。这说明随着宏观经济不确定性的提高，货币供给量冲击，对第一产业的负向影响反而减少了。

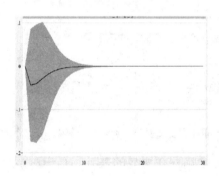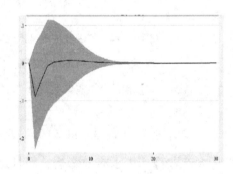

图 3-13　宏观经济不确定性下 M2 对第一产业产出冲击的脉冲响应图

说明：1. 本图由 stata14 软件输出得到，输出结果中纵轴标度显示部分小数点前的 0 被省略了，如".1"表示为"0.1"；2. 左图和右图分别为高宏观经济不确定性与低宏观经济不确定性下 M2 对第一产业产出冲击的脉冲响应图。

从冲击响应时间上来看，在高宏观经济不确定性情况下，M2 冲击在第 2 期时达到了最大峰值，然后冲击效应开始逐渐减弱，到第 6 期冲击的影响消失；在低宏观经济不确定性情况下，M2 冲击在第 2 期时达到了最大峰值，然后冲击效应开始逐渐减弱，到第 4 期冲击的影响消失。说明 M2 冲击对第一产业的影响，无论宏观经济不确定性的高低，都能很快达到最大值。但是在高宏观经济不确定性时，M2 冲击对第一产业的影响时间要比在低宏观经济不确定性时更长。

为什么随着宏观经济不确定性的提高，货币供给量冲击对第一产业的负向影响反而会减少呢？这是因为第一产业的资本，包括农业、林业、畜牧业和渔业是劳动密集型的，与第二、三产业相比，第一产业的收益率较低。因此，在宏观经济不确定性较低的情况下，货币供应量在市场机制下大多以较高的收益率进入第二产业和第三产业；但是，随着宏观经济不确定性的改善和市场风险的增加，第一产业由于自身的稳定性，更愿意留在第一产业，从而减少了第一产业的资金外流，因此货币供应量对第一产业的负面影响将会减小。因此，随着宏观经济不确定性的增加和货币供应量的影响，对第一产业的负面影响将会减小。

图 3-14 描述了高宏观经济不确定性和低宏观经济不确定性条件下货币供给量冲击对第二产业产出的影响。对比图 3-15 和图 3-16，我们可以发现，在宏观经济不确定性较高时，一个正向的 1 单位增量的 M2 冲击，会使第二产业产出提高 0.08 单位左右；而在低宏观经济不确定性时，一个正向的 1 单位增量的 M2 冲击，会使第二产业产出提高 0.48 单位左右。这说明随着宏观经济不确定性的提高，货币供给量冲击对第二产业的产出影响显著减小。

从冲击响应时间上来看，在高宏观经济不确定性情况下，M2 冲击对第二产业的影响在第 3 期时达到了最大峰值，然后冲击效应开始逐渐减弱，到第 8 期冲击的影响消失；在低宏观经济不确定性情况下，M2 冲击在第 5 期时达到了最大峰值，然后冲击效应开始逐渐减弱，到第 10 期冲击的影响效果开始反转，一直到第 29 期才消失。虽然在高宏观经济不确定性时，M2 冲击对第二产业产出影响更快地达到峰值，但是相比于高宏观经济不确定性时，低宏观经济不确定性的影响程度要大很多；而且在高宏观经济不确定性下 M2 冲击对第二产业产出影响达到峰值时，低宏观经济不确定性下 M2 冲击对第二产业产出影响更大。因此，对于 M2 冲击对第二产业，低宏观经济不确定性时要比高宏观经济不确定性时更快。另一方面，从影响的持续性来看，低宏观经济不确定性下，M2 对第一产业的影响持续了非常长的时间，而在高宏观经济不确定性时，这种影响持续性要短很多。

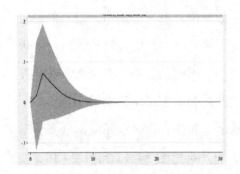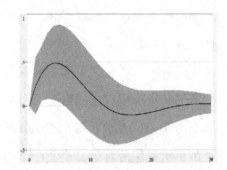

图 3 – 14　宏观经济不确定性下 M2 对第二产业产出冲击的脉冲响应图

说明：1. 本图由 stata14 软件输出得到，输出结果中纵轴标度显示部分小数点前的 0 被省略了，如".1"表示为"0.1"；2. 左图和右图分别为高宏观经济不确定性与低宏观经济不确定性下 M2 对第一产业产出冲击的脉冲响应图。

图 3 – 15 描述了高宏观经济不确定性和低宏观经济不确定性条件下货币供给量冲击对第二产业产出的影响。对比图 3 – 15，我们可以发现，在宏观经济不确定性较高时，一个正向的 1 单位增量的 M2 冲击，会使第三产业产出提高 0.04 单位左右；而在低宏观经济不确定性时，一个正向的 1 单位增量的 M2 冲击，会使第三产业产出提高 0.29 单位左右。这说明随着宏观经济不确定性的提高，货币供给量冲击对第二产业

的产出影响显著减小。

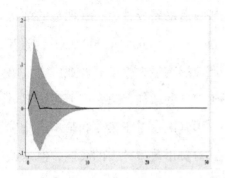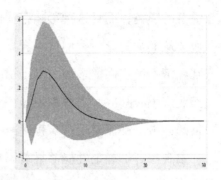

图 3 - 15 宏观经济不确定性下 M2 对第三产业产出冲击的脉冲响应图

说明：1. 本图由 stata14 软件输出得到，输出结果中纵轴标度显示部分小数点前的 0 被省略了，如".1"表示为"0.1"；2. 左图和右图分别为高宏观经济不确定性与低宏观经济不确定性下 M2 对第一产业产出冲击的脉冲响应图。

从冲击响应时间上来看，在高宏观经济不确定性情况下，M2 冲击对第三产业的影响在第 2 期时达到了最大峰值，到第 3 期冲击的影响消失；而在低宏观经济不确定性情况下，M2 冲击在第 4 期时达到了最大峰值，然后冲击效应开始逐渐减弱，到第 15 期冲击的影响消失。虽然在高宏观经济不确定性时，M2 冲击对第三产业产出影响更快地达到峰值，但是相比于高宏观经济不确定性时，低宏观经济不确定性的影响程度要大很多；而且在高宏观经济不确定性下 M2 冲击对第三产业产出影响达到峰值时，低宏观经济不确定性下 M2 冲击对第三产业产出影响更大。因此，对于 M2 冲击对第三产业，低宏观经济不确定性时要比高宏观经济不确定性时更快。另一方面，从影响的持续性来看，低宏观经济不确定性下，M2 对第一产业的影响持续了非常长的时间，而在高宏观经济不确定性时，这种影响持续性要短很多。

　　总体上来看，宏观经济不确定性对于数量货币政策产业效应有着比较显著的影响，而且这种影响存在比较显著的差异性，存在明显的结构效应。从上文的分析我们可以看出：首先，一个正向的 M2 冲击，随着宏观经济不确定性的增加，对于第二产业影响最大，第三产业次之，第一产业最小。其次，随着宏观经济不确定性的增加，第一产业对于货币政策的冲击，反而其受影响程度减小。再其次，对于第二和第三产业来说，宏观经济不确定性能够显著影响其对货币政策冲击的反应，但是相对于第二产业，第三产业下降幅度更大，影响更深。最后，随着宏观经济不确定性的增加，第一产业对于 M2 冲击反应速度基本没有变化，但是高宏观经济不确定性下这种影响持续性会稍有增长；但是对于第二产业和第三产业，随着宏观经济不确定性的增加，M2 冲击的影响的反应速度会下降，持续时间也会大幅度下降。

　　（三）宏观经济不确定性对价格型货币政策产业结构调整效应的影响

　　我们以 7 天中国银行间拆借利率 Chibor 作为价格型货币政策的代理变量，考察在不同宏观经济不确定性条件下，货币政策的产业结构效应，得到在高低宏观经济不确定性下利率冲击对第一产业、第二产业、第三产业影响的脉冲响应结果。如图 3－16、3－17、3－18 所示。

　　图 3－16 描述了高宏观经济不确定性和低宏观经济不确定性条件下货币供给量冲击对第一产业产出的影响。对比图 3－16，我们可以发现，在宏观经济不确定性较高时，一个正向的 1 单位增量的 Chibor 冲击，会使第一产业产出增加 0.04% 左右；而在低宏观经济不确定性时，一个正向的 1 单位增量的 Chibor 冲击，会使第一产业产出先降低 0.04 单位左右，然后再上升 0.04 单位左右。这说明随着宏观经济不确定性的提高，利率冲击，对第一产业影响方向发生变化。我们可以看到，图

3－16 中利率冲击对第一产业的影响是先下降再上升的，说明在利率提高的初期，第一产业产出受到负面影响，但是随着时间的推移，并且受到高宏观经济不确定性的影响，其他产业的资金可能回到了第一产业，所以第一产业的产出反而提高了。

从冲击响应时间上来看，在高宏观经济不确定性情况下，Chibor 冲击在第 4 期时达到了最大峰值，然后冲击效应开始逐渐减弱，到第 15 期冲击的影响消失；在低宏观经济不确定性情况下，Chibor 冲击在第 1 期有一个负向冲击，然后冲击对产出影响逐渐上升，在第 5 期时达到了最大峰值，然后冲击效应开始逐渐减弱，到第 15 期冲击的影响消失。说明 Chibor 冲击对第一产业的影响，无论宏观经济不确定性的高低，冲击影响都会同时达到峰值，并且影响的持续性基本一致。

为什么随着宏观经济不确定性的提高，利率冲击对第一产业的负向影响反而会减少呢？这是因为第一产业的资本，包括农业、林业、畜牧业和渔业是劳动密集型的，与第二、三产业相比，第一产业的收益率较低。因此，在宏观经济不确定性较低的情况下，货币供应量在市场机制下大多以较高的收益率进入第二产业和第三产业；但是，随着宏观经济不确定性的改善和市场风险的增加，第一产业由于自身的稳定性，更愿意留在第一产业，从而减少了第一产业的资金外流，因此货币供应量对第一产业的负面影响将会减小。因此，随着宏观经济不确定性的增加，利率冲击对第一产业的影响将减小。

图 3－17 描述了高宏观经济不确定性和低宏观经济不确定性条件下利率冲击对第二产业产出的影响。对比图 3－17 我们可以发现，在宏观经济不确定性较高时，一个正向的 1 单位增量的 Chibor 冲击，会使第二产业产出降低 0.45 单位左右；而在低宏观经济不确定性时，一个正向

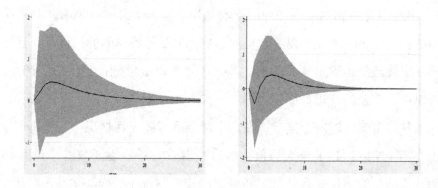

图 3 – 16　宏观经济不确定性下 Chibor 对第一产业产出冲击的脉冲响应图

说明：1. 本图由 stata14 软件输出得到，输出结果中纵轴标度显示部分小数点前的 0 被省略了，如 ".1" 表示为 "0.1"；2. 左图和右图分别为高宏观经济不确定性与低宏观经济不确定性下 M2 对第一产业产出冲击的脉冲响应图。

的 1 单位增量的 Chibor 冲击，会使第二产业产出降低 0.04 单位左右。这说明随着宏观经济不确定性的提高，货币供给量冲击，对第二产业的产出影响显著减小。

从冲击响应时间上来看，在高宏观经济不确定性情况下，Chibor 冲击对第二产业的影响在第 3 期达到了最大峰值，然后冲击效应开始逐渐减弱，到第 8 期冲击的影响消失；在低宏观经济不确定性情况下，Chibor 冲击在第 8 期达到了最大峰值，然后冲击效应开始逐渐减弱，到第 15 期冲击的影响效果开始反转，然后一直到第 30 期才消失。虽然在高宏观经济不确定性时，Chibor 冲击对第二产业产出影响更快地达到峰值，但是相比于高宏观经济不确定性时，低宏观经济不确定性的影响程度要大很多；而且在高宏观经济不确定性下 Chibor 冲击对第二产业产出影响达到峰值时，低宏观经济不确定性下 Chibor 冲击对第二产业产出影响更大。因此，对于 Chibor 冲击对第二产业，低宏观经济不确定性时要比高宏观经济不确定性时更快。另一方面，从影响的持续性来看，低宏观经济不确定性下，Chibor 对第一产业的影响持续了非常长的时间，而在高宏观经济不确定性时，这种影响持续性要短很多。

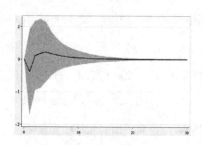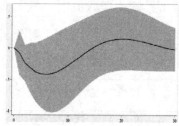

图 3 - 17　宏观经济不确定性下 Chibor 对第二产业产出冲击的脉冲响应图。

说明：1. 本图由 stata14 软件输出得到，输出结果中纵轴标度显示部分小数点前的 0 被省略了，如 ".1" 表示为 "0.1"；2. 左图和右图分别为高宏观经济不确定性与低宏观经济不确定性下 M2 对第一产业产出冲击的脉冲响应图。

图 3 - 18 描述了高宏观经济不确定性和低宏观经济不确定性条件下利率冲击对第二产业产出的影响。对比图 3 - 18，我们可以发现，在宏观经济不确定性较高时，一个正向的 1 单位增量的 Chibor 冲击，会使第三产业产出降低 0.08 单位左右；而在低宏观经济不确定性时，一个正向的 1 单位增量的 Chibor 冲击，会使第三产业产出降低 0.11 单位左右；这说明随着宏观经济不确定性的提高，利率冲击对第三产业的产出影响显著减小。

从冲击响应时间上来看，在高宏观经济不确定性情况下，Chibor 冲击对第三产业的影响在第 2 期时达到了最大峰值，到第 12 期冲击的影响消失；而在低宏观经济不确定性情况下，Chibor 冲击在第 5 期时达到了最大峰值，然后冲击效应开始逐渐减弱，到第 16 期冲击的影响消失。

虽然在高宏观经济不确定性时，Chibor 冲击对第三产业产出影响更快地达到峰值，但是相比于高宏观经济不确定性时，低宏观经济不确定性的影响程度要大很多；而且在高宏观经济不确定性下 Chibor 冲击对第三产业产出影响达到峰值时，低宏观经济不确定性下 Chibor 冲击对第三产业产出影响更大。因此，对于 Chibor 冲击对第三产业，低宏观经济不确定性时要比高宏观经济不确定性时更快。另一方面，从影响的持续性来看，低宏观经济不确定性下，Chibor 对第一产业的影响持续了非常长的时间，而在高宏观经济不确定性时，这种影响持续性要短很多。

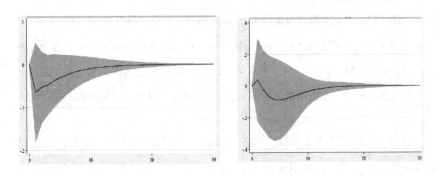

图 3 - 18　宏观经济不确定性下 Chibor 对第三产业产出冲击的脉冲响应图

　　说明：1. 本图由 stata14 软件输出得到，输出结果中纵轴标度显示部分小数点前的 0 被省略了，如 ". 1" 表示为 "0. 1"；2. 左图和右图分别为高宏观经济不确定性与低宏观经济不确定性下 M2 对第一产业产出冲击的脉冲响应图。

　　总体上来看，宏观经济不确定性对于价格型货币政策产业效应有着比较显著的影响，而且这种影响存在比较显著的差异性，存在明显的结构效应。从上文的分析我们可以看出：首先，一个正向的 Chibor 冲击，随着宏观经济不确定性的增加，对于第二产业影响最大，第一产业次之，第三产业最小。然后，我们可以发现，在宏观经济不确定性变化时，价格型货币政策冲击对第二产业影响变化最大，而且远大于第一和第三产业。最后，随着宏观经济不确定性的增加，第一产业和第三产业对 Chibor 冲击的反应速度基本没有变化，但是低宏观经济不确定性下这种影响持续性会稍有增长；但是对于第二产业，随着宏观经济不确定性的增加，Chibor 冲击的影响的反应速度会下降，持续时间也会大幅度下降。

（四）宏观经济不确定性对价格因素的产业结构调整效应的影响

我们以居民消费价格指数 CPI 作为价格因素的代理变量，考察在不同宏观经济不确定性条件下，货币政策的产业结构效应。得到在高低宏观经济不确定性下利率冲击对第一产业、第二产业、第三产业影响的脉冲响应结果。如图 3 – 19、3 – 20、3 – 21 所示。

图 3 – 19 描述了高宏观经济不确定性和低宏观经济不确定性条件下居民价格指数 CPI 冲击对第一产业产出的影响。对比图 3 – 19，我们可以发现，在宏观经济不确定性较高时，一个正向的 1 单位增量的 CPI 冲击，会使第一产业产出增加 0.08 单位左右；而在低宏观经济不确定性时，一个正向的 1 单位增量的 CPI 冲击，会使第一产业产出先降低 0.05 单位左右，然后再上升 0.05% 左右。这说明随着宏观经济不确定性的提高，CPI 冲击对第一产业影响方向发生变化。我们可以看到，图 3 – 19 中 CPI 冲击对第一产业的影响是先下降再上升的，说明在 CPI 提高的初期，第一产业产出受到负面影响，但是随着时间的推移，并且受到高宏观经济不确定性的影响，其他产业的资金可能回到了第一产业，所以第一产业的产出反而提高了。

从冲击响应时间上来看，在高宏观经济不确定性情况下，CPI 冲击

在第 2 期时达到了向下的最大峰值，然后冲击效应开始逐渐减弱，到第
6 期冲击的影响达到了最大峰值，然后冲击效应开始逐渐减弱，到第 14
期冲击的影响消失；在低宏观经济不确定性情况下，CPI 冲击在第 5 期
是达到了最大峰值，然后冲击效应开始逐渐减弱，到第 20 期冲击的影
响消失。说明 CPI 冲击对第一产业的影响，无论宏观经济不确定性的高
低，都能同时达到峰值。但是在高宏观经济不确定性时，CPI 冲击对第
一产业的影响时间要比在低宏观经济不确定性时更短。

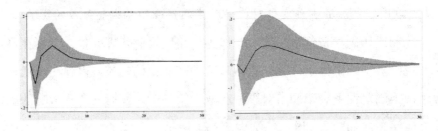

图 3 –19 宏观经济不确定性下 CPI 对第一产业产出冲击的脉冲响应图

说明：1. 本图由 stata14 软件输出得到，输出结果中纵轴标度显示部分小
数点前的 0 被省略了，如".1"表示为"0.1"；2. 左图和右图分别为高宏观
经济不确定性与低宏观经济不确定性下 M2 对第一产业产出冲击的脉冲响
应图

图 3 –20 描述了高宏观经济不确定性和低宏观经济不确定性条件下
利率冲击对第二产业产出的影响。对比图 3 –20 我们可以发现，在宏观
经济不确定性较高时，一个正向的 1 单位增量的 CPI 冲击，会使第二产
业产出先增加后减小；而在低宏观经济不确定性时，一个正向的 1 单位
增量的 CPI 冲击，会使第二产业产出上升 0.1 单位左右。但是我们发现
CPI 冲击对第二产业的影响相应随着时间变化而发生不同的变化，说明
CPI 对第二产业的影响不确定的。

从冲击响应时间上来看，在高宏观经济不确定性情况下，CPI 冲击对第二产业的影响在第 3 期时达到了最大峰值，然后冲击效应开始逐渐减弱，到第 8 期冲击的影响消失；在低宏观经济不确定性情况下，CPI 冲击对于第二产业的影响是不确定的，而且持续时间比较长。虽然在高宏观经济不确定性时，CPI 冲击对第二产业产出影响更快地达到峰值，但是相比于高宏观经济不确定性时，低宏观经济不确定性的影响程度要大很多，而且在高宏观经济不确定性下 CPI 冲击对第二产业产出影响达到峰值时，低宏观经济不确定性下 CPI 冲击对第二产业产出影响更大。因此，对于 CPI 冲击对第二产业，低宏观经济不确定性时要比高宏观经济不确定性时更快。另一方面，从影响的持续性来看，低宏观经济不确定性下，CPI 对第一产业的影响持续了非常长的时间，而在高宏观经济不确定性时，这种影响持续性要短很多。

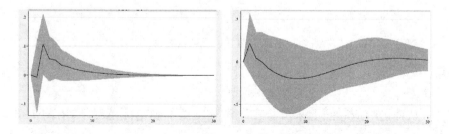

图 3-20 宏观经济不确定性下 CPI 对第二产业产出冲击的脉冲响应图

说明：1. 本图由 stata14 软件输出得到，输出结果中纵轴标度显示部分小数点前的 0 被省略了，如 ".1" 表示为 "0.1"；2. 左图和右图分别为高宏观经济不确定性与低宏观经济不确定性下 M2 对第一产业产出冲击的脉冲响应图。

图 3-21 描述了高宏观经济不确定性和低宏观经济不确定性条件下利率冲击对第三产业产出的影响。对比图 3-21 我们可以发现，在宏观

经济不确定性较高时，一个正向的 1 单位增量的 CPI 冲击，会使第三产业产出降低 0.05 单位左右；而在低宏观经济不确定性时，一个正向的 1 单位增量的 CPI 冲击，会使第三产业产出上升 2.6 单位左右。这说明随着宏观经济不确定性的提高，利率冲击对第三产业的产出影响显著减小。

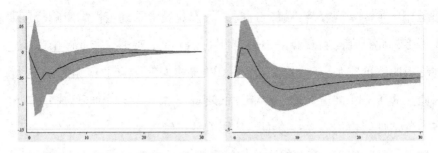

图 3 – 21　宏观经济不确定性下 CPI 对第三产业产出冲击的脉冲响应图

说明：1. 本图由 stata14 软件输出得到，输出结果中纵轴标度显示部分小数点前的 0 被省略了，如".1"表示为"0.1"；2. 左图和右图分别为高宏观经济不确定性与低宏观经济不确定性下货币供给对第三产业的冲击的脉冲响应图。

　　从冲击响应时间上来看，在高宏观经济不确定性情况下，CPI 冲击对第三产业的影响在第 2 期时达到了最大峰值，到第 12 期冲击的影响消失；而在低宏观经济不确定性情况下，CPI 冲击在第 2 期时达到了最大峰值，然后冲击效应开始逐渐减弱，到第 16 期冲击的影响消失。虽然在高宏观经济不确定性时，CPI 冲击对第三产业产出影响更快地达到峰值，但是相比于高宏观经济不确定性时，低宏观经济不确定性的影响程度要大很多；而且在高宏观经济不确定性下 CPI 冲击对第三产业产出影响达到峰值时，低宏观经济不确定性下 CPI 冲击对第三产业产出影响更大。因此,对于 CPI 冲击对第三产业,低宏观经济不确定性时要比高宏观经济不确定性时更快。另一方面,从影响的持续性来看,低宏观经济不确定性下,CPI 对第一产业的影响持续了非常长的时间,而在高宏观经济不确定性时,这种影响持续性要短很多。

总体上来看,宏观经济不确定性对于价格的产业效应有着比较显著的影响,而且这种影响存在比较显著的差异性,存在明显的结构效应。从上文的分析我们可以看出:首先,一个正向的 CPI 冲击,随着宏观经济不确定性的增加,对于第二产业影响最大,第三产业次之,第一产业最小。其次,随着宏观经济不确定性的增加,第一产业对于货币政策的冲击,反而其受影响程度减小。再其次,对于第二和第三产业来说,宏观经济不确定性能够显著影响其对货币政策冲击的反应,但是相对于第二产业,第三产业下降幅度更大,影响更深。最后,随着宏观经济不确定性的增加,第一产业对 Chibor 冲击的反应速度基本没有变化,但是低宏观经济不确定性下这种影响持续性会稍有增长;但是对于第二产业和第三产业,随着宏观经济不确定性的增加,M2 冲击的影响的反应速度会下降,持续时间也会大幅度下降。

第四节 拓展性研究

收入不平等对一国经济的长期发展具有重要影响。政府运用各种经济政策干预和调节收入不平等已成为常态。政府和市场迫切需要防范风险,减少不确定性,越来越多的专家学者开始对经济不确定性进行研究。宏观经济不确定性的增加导致经济波动的复杂性,给我国当前的宏观调控和货币政策运行带来很大困难。

一、货币政策对收入分配的影响

目前，我国收入分配不平等现象继续加深。据统计，1978 年至 2015 年，收入水平最高的 10% 人口的收入占总收入的比重从不足 30% 升至 40%。2006 年以后，我国低收入水平 50% 的人口总收入仅相当于最高收入水平 1 个单位的人口总收入，约占全国人口总收入的 15%（见图 3 - 22）。

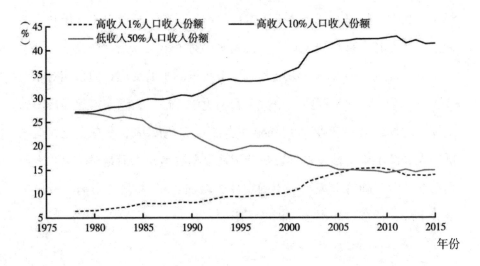

图 3 - 22　中国收入分配概况

资料来源：World Wealth & Income Database（2016）。

二、实证结果

从图 3 - 23 可以看出，货币供应量 M2 增加会导致收入平等指数减少，可能有以下几个原因：首先，随着货币供应量 M2 的增加，富人相比于穷人，有更多的手段获得新增货币，因为随着货币供应量的增加，带动了经济的增长，富人一般拥有更多收入渠道，而穷人一般只有工资收入，所以富人能够享受到更多的因为经济增长带来的收益，从而加大了收入不平等。其次，富人一般拥有更多的资产（如房产、股票、基金等），随着 M2 的增长，这些资产的价格也会增长，从而导致富人的资产升值速度更快，变相地提高了富人的收入。最后，货币供应量 M2 的增加可能会导致通货膨胀，穷人的消费大部分是生活必需品，而且这些消费占据他们收入的比例非常高；反之，富人的生活必需品消费占他们收入非常小的部分。所以随着通货膨胀，生活必需品价格上升，导致穷人的支出占收入的占比越来越高，相当于实际收入的减少，但是对于富人而言，这些生活必需品价格的波动对他们的影响微乎其微。因此，这将进一步加剧收入的不平等。

同时，我们还可以发现，随着宏观经济不确定性的提高，货币政策对收入分配的影响是恶化的，具体来说，在高宏观经济不确定条件 M2 的正向冲击所带的收入平等指数下降幅度会比低宏观经济不确定性条件的下降幅度高出 1 倍。也就是说如果不考虑其他因素的影响，在高宏观经济不确定条件下，增加货币供应量 M2 会导致收入不平等的加剧。因为，在高宏观经济不确定性条件，富人们有更多的手段来规避不确定性所带来的风险，而穷人更容易被这种风险影响，从而导致收入降低甚至破产，所以当增加货币供给时，抵御风险能力更强的富人更容易获得这些收益。同时，前文证明宏观经济不确定性会导致产出的下降，所以会导致失业的增加，一般来说，穷人的工作的可替代性更强，相比较于富人更容易失业，所以在货币供给提高时，富人能够享受到更多收益。

综上所述，在其他条件不变的情况下，随着宏观经济不确定性的提高，正向的货币政策冲击会加剧收入分配的不平等。

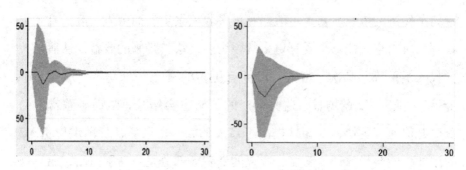

图 3 - 23　宏观经济不确定性下货币供给对收入分配的影响

说明：1. 本图由 stata14 软件输出得到，输出结果中纵轴标度显示部分小数点前的 0 被省略了，如".1"表示为"0.1"；2. 左图和右图分别为高宏观经济不确定性与低宏观经济不确定性下货币供给对经济产出的冲击的脉冲响应图。

本章小结

本章主要研究了宏观经济不确定性是否会对货币政策产业结构效应带来有效影响。本书采用我国 2005—2017 年宏观经济数据，首先研究了货币政策对产业结构是否存在有效的影响，然后考察在宏观经济不确定性变化的情况下，货币供给量 M2、利率和价格指数的冲击对产业结构影响时候发生变化以及变化的程度。研究发现：

第一，不论是数量型货币政策还是价格型货币政策以及通胀，都对三大产业产生了影响，并且影响效果存在明显差异，所以存在显著的结构效应。具体来说，货币供给量 M2 和通胀对第二产业影响最大，第三产业次之，对第一产业的影响最小；而利率是对第二产业的影响最大，第一产业次之，对第三产业的影响最小。

第二，考虑宏观经济不确定性这一因素以后，我们发现，随着宏观经济不确定性的提高，不论是数量型货币政策还是价格型货币政策以及通胀，对三大产业产生的影响都发生了显著变化，并且这种变化存在明显差异，所以宏观经济不确定性对货币政策结构效应具有有效的影响。

第三，宏观经济不确定性对数量型货币政策的产业结构调整效应具有显著的影响。具体而言，随着宏观经济不确定性的提高，货币供给量 M2 冲击对三大产业影响无论在影响程度还是在影响时间上都发生了变化。其中，对第一产业的影响依然很小，与不考虑宏观经济不确定性基本一致；对第二产业的影响很大，具体来说，宏观经济不确定性能够很大程度减弱货币供给量 M2 对第二产业的影响，同时也大幅度减少影响的时间；对第三产业影响比较大，但是没有对第二产业的影响大。

第四，宏观经济不确定性对价格型货币政策的产业结构调整效应具有显著的影响。具体而言，随着宏观经济不确定性的提高，利率冲击对三大产业影响无论在影响程度还是在影响时间上都发生了变化。其中，对第一产业的影响依然很小，与不考虑宏观经济不确定性基本一致；对第二产业的影响很大，具体来说，宏观经济不确定性能够很大程度减弱利率对第二产业的影响，同时也大幅度减少影响的时间；对第三产业影响在程度上的影响比较小，但是加快了利率冲击对第三产业影响的速度（很快达到峰值），减少了影响时间。

第五，宏观经济不确定性对通胀的产业结构调整效应具有显著的影响。具体而言，随着宏观经济不确定性的提高，CPI 冲击对三大产业影响无论在影响程度还是在影响时间上都发生了变化。其中，对第一产业的影响依然很小，与不考虑宏观经济不确定性基本一致；对第二产业的影响很大，具体来说，在高宏观经济不确定性时，CPI 的冲击影响明显小于不考虑宏观经济不确定性的情况，对于低宏观经济不确定性来说，CPI 冲击效果出现了反复波动，而且影响时间大幅度增长；对第三产业影响比较大，甚至出现了影响方向上的变化，但是对于低宏观经济不确定性方向并未发生变化，但是影响程度大于不考虑宏观经济不确定性的情况。

第六，宏观经济不确定性会弱化货币政策收入分配的有效性，但是不会改变其作用方向。货币政策正向冲击会加剧收入不平等，而且随着宏观经济不确定性的提高，货币政策加剧收入不平等会变得更加严重。

第四章

宏观经济不确定性对结构性货币政策
结构调整功能影响

随着经济进入新常态，我国国内和国外经济环境变得更加复杂多变，宏观经济不确定性在不断提高，我国的经济结构问题变得日益突出。在此情况下，我国货币政策当局通过不断尝试各种结构性货币政策工具（如定向降准、常备借贷便利、抵押补充贷款和中期借贷便利等等）来改善我国经济结构，提高我国经济发展质量。因为，我国结构性货币政策实施的时间比较短，而且都在宏观经济不确定性比较高的时间段，所以我们只能选择研究在高宏观经济不确定性条件下结构性货币政策的结构调整效应。并且根据本书第三章的结论，高宏观经济不确定性会抑制产业，同时根据王忠义（2015）的结论，高宏观经济不确定性对国有性质企业融资影响有限，但是会大幅度增加民营和中小企业融资难度。所以本章主要研究定向降准、常备借贷便利、抵押补充贷款和中期借贷便利等4种结构性货币政策工具，能否改善民营和中小企业融资难和融资贵的问题。

第一节　理论分析

随着中国经济步入"新常态"，我国金融市场的整体流动性环境呈现出总量盈余和结构短缺并存的状况（余振等，2016）。一方面，中央银行稳健的货币政策提供了较为充裕的流动性供给；另一方面，国内金融市场流动性的结构性失衡问题凸显，表现为国有企业"大户"对信贷资源具有较强的吸纳能力，而民营企业和中小微企业则面临融资难、融资贵的问题。因为总量型货币政策工具不能有效地解决结构性问题，中央银行开始探索使用结构性货币政策工具，先后推出了差别准备金率制度、公开市场短期流动性调节工具（SLO）、常备借贷便利（SLF）、定向降准、定向再贷款以及抵押补充贷款（PSL）、定向中期借贷便利（TMLF）等工具，以期实现对"三农"和中小微企业等弱势领域或国家重点扶持对象的定向扶持。自 2013 年至 2018 年，"支持中小微企业、民营企业发展"一直被当作货币政策操作的重要内容，结构性货币政策工具因此被中央银行高频使用，政策调控表现出明显的结构性特征。2018 年，为加强对小微企业、民营企业等实体经济的信贷支持力度，中央银行四次下调金融机构存款准备金率，同时将"优质的小微企业贷款、民营企业贷款和绿色贷款"纳入央行合格担保品范围；创设定向中期借贷便利（TMLF），为小微企业、民营企业提供期限更长、利率更优惠的融资支持。总之，央行创新运用多种结构性货币政策工具组合，力求对民营企业、中小微企业进行有效的"精准滴灌"。但结构性货币政策是否实现了预期的调控效果呢？由于我国结构性货币政策工具实施的时间较短，导致目前结构性货币政策的相关研究仍十分有限。近年来，关于结构性货币政策的传导机制是否通畅、调控是否有效、实施的副作用等问题都存在诸多争议，政策效果也有待深入研究。鉴于此，本章拟就不同结构性货币政策工具是否有效地缓解了中小企业、民营企业融资难问题进行研究，从中发现不同的结构性政策工具以及传统货币政策工具与结构性政策工具之间的差异化调控效果；在此基础上进一步探讨各政策工具的传导渠道及传导效率，为进一步疏通货币政策传导渠道，增强宏观调控效果提供实证依据与参考。

2008 年国际金融危机后，结构性货币政策逐渐成为理论界的研究热点。自 2013 年我国实施结构性货币政策以来，其有效性及实施过程中的负效应也备受学术界关注。下面将从结构性货币政策与宏观经济、结构性货币政策的传导渠道及其有效性两个方面对相关研究进行系统的梳理与归纳。

一、结构性货币政策对宏观经济的整体影响

针对各国央行的结构性货币政策不同实践，不少学术研究已经对政策的合理性及有效性进行了探讨。多数研究表明结构性货币政策的实施对宏观经济具有正向促进作用，贝尔克等（2016）基于欧元区 2012 年 6 月—2016 年 4 月的数据，运用 BVAR 模型研究发现欧洲央行实施的第一轮量化宽松政策使得欧元区实际 GDP 和核心 CPI 分别上升了 1.3% 和 0.9%；而脉冲响应分析表明量化宽松政策主要通过资产组合再平衡、信号渠道、信贷渠道和汇率渠道传导。克莱默（2015）运用标准的 VAR 模型进行实证检验后发现结构性货币政策工具能够有效缓解金融压力，并对经济增长和通货膨胀产生较为微弱的影响。彭俞超和方意

（2016）认为我国旨在进行结构性调整的结构性货币政策与西方发达经济体基于危机背景出台的系列非常规货币政策存在显著差异。一部分研究基于中国国情和央行的政策实践动态展开分析，认为结构性货币政策的实施通过定向调控可有效推动经济结构优化转型（陈炳才，2010；刘伟和苏剑，2014；卢岚和邓雄，2015）。也有研究认为不同结构性货币政策工具不仅对利率水平具有不同的影响（乔伊斯等，2012；孙国峰和蔡春春，2014；马理等，2015；余振等，2016），同时对一国证券、房地产等资产价格也会产生差异化的影响（斯旺森，2015）。

　　此外，另一部分研究发现结构性货币政策的宏观调控效果表现出很强的异质性与区域性，其对不同经济指标，甚至对区域个体的传导机制均有显著差异（刘程和佟家栋，2017）。例如，埃弗雷特（2015）对2008—2012 年间欧元区的结构性货币政策考察后发现，结构性货币政策的实施显著压缩了爱尔兰、意大利、葡萄牙、西班牙等国与德国国债的利差，但对希腊的效果不明显。此外，欧洲央行第一阶段的债券市场计划启动声明对上述 5 个欧元区国家的主权风险预期产生显著影响，而直接货币交易计划（OMT）的启动声明仅在意大利和西班牙产生影响。里沃尔塔（2014）采用事件研究方法分析了欧洲央行自 2007 年以来非常规货币政策措施对 10 个欧元区国家和 6 个欧元区外国家国债收益率的影响，发现非常规货币政策效果在货币联盟内因国家而异，且随着时间的推移有显著变化。

　　结构性货币政策调控的区域异质性在国内研究中也得到了验证。中国的一些研究发现，不同经济主体对货币政策的预期和敏感程度存在差异，不同地区的金融发展状况、经济发展水平也存在异质性，因此货币政策效果会表现出结构性调整特征（马贱阳，2011）。但是，这些研究主要集中考察结构性货币政策对宏观经济变量的调控效果，对结构性货币政策的微观影响机制和实际的政策效果研究较少，以致对政策调控效果缺乏精确的评判。

二、结构性货币政策的传导机制及其有效性

关于结构性货币政策的传导渠道，主流文献一般认为存在信号渠道、资产组合平衡渠道、信用风险渠道，以及银行资金渠道等（迈尔斯，2012；达米科和金，2012；克里斯滕森和鲁德布希，2012；鲍尔和鲁德布希，2013；鲍尔和尼利，2013）。刘程和佟家栋（2017）认为欧洲央行的量化宽松政策主要从两个方面发挥作用：首先是信号效应。央行政策实施公告所传达的信号促使通货膨胀预期向更接近央行目标水平的方向调整，并在一定程度上平稳实际利率水平。其次是资产组合平衡效应。尽管欧洲央行购入的高质量证券十分有限，但预期将通过投资组合的平衡效应直接和间接地对欧元区的金融体系产生影响。切乔尼（2011）、库迪亚和伍德福德（2011）等研究指出，央行的公开市场操作、直接资产购买、流动性释放等调控措施会经由资产负债表的结构调整发挥作用，达到影响金融机构、企业和居民经济行为的目的。马苏达（2015）证实了货币政策资产负债表渠道的存在，同时发现日本的量化宽松政策（QMEP）通过资产负债表渠道放松企业的流动性约束，并最终对实体经济产生影响。刘澜飚等（2017）将中国央行的结构性货币政策传导渠道概括为信号渠道、信用风险渠道、直接降低特定行业的融资成本、直接提升特定金融机构的流动性 4 种。欧阳志刚和薛龙（2017）运用面板 FAVAR 模型检验发现央行多种货币政策工具的组合操作对不同特征企业的投资会产生不同的组合效应和特质效应；其中支

农再贷款利率对农业企业投资的调节效应较好，常备借贷便利对民营企业以及小型企业投资的调节效应较为显著。刘澜飚等（2017）发现中国结构性货币政策存在着"政策公告发布→改善并稳定市场预期→货币及债券市场利率下行→社会融资成本降低"的信号传导渠道。国内还有部分研究基于企业层面探讨定向降准政策的结构性调控效果。研究发现，定向降准政策具有信贷引导效果，对农业企业、小微企业发挥了"普惠效应"（郭晔等，2019）；但也有一些学者发现这种"普惠效应"并不存在（冯明和伍戈，2018）。

综合来看，已有研究主要集中从宏观角度讨论结构性货币政策的作用，对于政策微观效果的研究较少。因此，本章拟在借鉴已有研究的基础上，从民营企业和中小微企业的角度，全面考察主要结构性货币政策工具的政策效果及传导渠道，以期得出更精准的结论，为进一步完善货币政策的结构性调控提供参考。

第二节　研究设计

一、模型设计

本章旨在检验中国结构性货币政策工具是否有效地缓解了民营企业、中小企业的融资约束，考察结构性货币政策的微观有效性。对有关于货币政策有效性的研究主要采用向量自回归模型（VAR）或相关扩展模型、动态随机一般均衡（DSGE）模型以及固定效应模型等研究方法。VAR 模型及其相关拓展模型通过脉冲响应分析能够从统计意义上直观地看出货币政策变动的动态影响，但该类方法主要用于货币政策的宏观调控效应分析，也有文献采用面板 VAR 模型或面板 FAVAR 模型（欧阳志刚和薛龙，2017）研究货币政策对微观企业的调控效果。考虑到本章的研究目的是分析宏观货币政策对企业融资约束的微观调控效果，融资约束受公司层面微观变量的影响较大，而 VAR 模型对变量个数有限制，并不适用于本章的研究目的。DSGE 模型具有较强的微观基础与理论推导机制，并基于各部门最优化原则求得一般均衡解，相较于VAR 模型，经济理论意义得以良好反映。但 DSGE 模型的参数识别依赖严格的假设，而且所得的结果也在一定程度上受到主观性的干扰（陈彦斌、陈惟，2017）。相比之下，本章采用的固定效应模型具有以下几点优势：第一，双向固定效应模型回归能够更好地识别样本数据间的统计显著性与经济显著性，通过变量回归系数的大小以及显著性可以验证结构性货币政策是否显著地影响了民营企业的融资约束。第二，该方法可将对融资约束具有重大影响的多个企业层面的特征变量纳入考量，更加贴合经济实际。第三，双向固定效应模型一方面使用个体的组内离差信息得到组内估计量，解决不随时间变化但随个体而异的遗漏变量问题；另一方面时间固定效应可以解决不随个体变化但随时间而变的遗漏变量问题。这从两方面有效控制了内生性问题。因此该方法更适合本章的研究内容与目的。

考虑到货币政策调控存在时滞效应，并且为反映货币政策对企业融资约束影响的动态变化，参考姚余栋和李宏瑾（2013）的做法，本章将滞后一期的货币政策代理变量同时纳入考量。此外，为克服内生性问题对估计结果的影响，对所有连续的控制变量进行滞后一期处理（姜付秀等，2016）。同时参照阿尔梅德等（2004）、祝继高和陆正飞

（2009）等研究，本章构建如下回归模型：

$$FC_{i,t} = \alpha + \beta_0 \, MP_t + \beta_1 \, MP_{t-1} + \gamma \, \text{Controls}_{i,t-1} + \varepsilon_{it} \qquad (4-1)$$

其中，FC_{it}为被解释变量，表示企业融资约束，解释变量 MP_t 表示货币政策工具变量，包括结构性货币政策工具与传统货币政策工具两类；$\text{Controls}_{i,t-1}$表示企业层面的控制变量，i 代表微观企业个体，t 表示时期；α 和 ε_{it} 分别表示截距项和随机扰动项。

二、变量选取与定义

根据模型的设定，实证研究所涉的变量及定义等信息如表 4 - 1 所示。

表 4 - 1　主要变量说明

类型	名称	符号	定义
被解释变量	SA 指数	SA	公司融资约束水平 $|-0.737 \times \text{Size} + 0.043 \times \text{Size}^2 - 0.04 \times \text{Age}|$
	投资活动现金支出	Inv	资本支出①/期末总资产
核心解释变量	中小型金融机构存款准备金率	XZBJ	中小型金融机构存款准备金率
	中期借贷便利	MLF	中期借贷便利期末余额
	常备借贷便利	SLF	常备借贷便利期末余额
	抵押补充贷款	PSL	抵押补充贷款期末余额
其他解释变量	货币供应量	M2	M2 期末余额同比增长率
	一般贷款基准利率	GLR	金融机构一年期一般贷款基准利率

---

① 资本支出的计算方法为经营租赁所支付的现金 + 购建固定资产、无形资产和其他长期资产所支付的现金 – 处置固定资产、无形资产和其他长期资产而收回的现金净额（姜付秀，2016）。

类型	名称	符号	定义
控制变量	所有权性质	Owner	民营企业取 1，国有企业取 0
	公司规模	Size	公司年末总资产的自然对数
	盈利能力	ROA	净利润/期末总资产
	成长能力	Growth	(本期营业收入 – 上期营业收入)/上期营业收入
	资产负债率	Lev	期末总负债/期末总资产
	抵押能力	Mort	固定资产净值/期末总资产
	资产流动性	Liquid	流动资产/流动负债
	公司年龄（季度）	Age	公司成立期距样本期时间

（1）被解释变量"企业融资约束"（FC）用 SA 指数衡量。2010 年哈洛克和皮尔斯构建的 SA 指数是度量企业融资约束的主流指标，在中国融资约束问题的研究中得到广泛的应用（姜付秀等，2016；吴秋生和黄贤环，2017）。现有文献中，用来测度企业融资约束的还有企业现金流敏感系数（包括投资—现金流敏感系数等）和企业融资约束自我感知调查两个指标。但现金流敏感系数采用模型回归系数得到，回归所选用的控制变量不同以及样本容量的差异都会影响估计结果的准确性，易出现测度偏误；企业融资约束自我感知的调查数据则存在主观性。SA 指数则利用多个公司层面特征变量（公司规模、公司年龄）构建的融资约束度量指标，能有效克服上述问题，较为综合全面地反映企业融资约束程度（吴秋生和黄贤环，2017）。

（2）核心解释变量。为实现"去产能、支持中小微企业、经济结构调整和优化"等政策目标，我国自 2013 年以来使用的结构性货币政策工具主要有：短期流动性调节工具（SLO）、常备借贷便利（SLF）、抵押补充贷款（PSL）、中期借贷便利（MLF）、定向降准（XZBJ）、定向再贷款、定向调整存贷比等。其中短期流动性调节工具主要用于弥补市场短期流动性缺口，企业融资约束并非其主要目标；支农再贷款重点在对农业企业进行流动性支持，而农业企业并非本章重点考察对象。鉴于以上原因，综合考虑本章研究目的以及各类政策实施期限、操作频率、数据完整性，本章只选用其中4种结构性货币政策工具：常备借贷便利、中期借贷便利、中小金融机构存款准备金率和抵押补充贷款。对于 SLF、MLF、PSL 均采用期末余额进行度量；因为传统货币政策工具对企业融资约束会产生总体影响，同时为了比较结构性货币政策工具与传统货币政策工具的影响差异，本章将 M2 与 1 年期一般贷款加权平均利率（GLR）也作为考察对象，M2 采用同比增长率度量。

具体数据处理包括：第一，鉴于货币政策操作力度受到季节性流动性波动影响，各变量数值表现出明显的季节特征，故对所有政策工具变量采用 CensusX – 12 进行季节性处理。第二，由于 SLF、MLF、PSL 三者绝对数值较大，故对数据进行对数化处理。第三，为了与其他结构性货币政策工具方向保持一致，直观反映定向降准政策的调控效果，对中小型金融机构法定存款准备金率进行负向化处理（取其相反数）。第四，由于货币政策对实体经济的调控存在时滞，故将所有货币政策工具滞后一期纳入考量，反映货币政策对企业融资约束的动态变化。

（3）控制变量。为了控制影响企业融资约束的公司特征等因素，借鉴吴秋生等（2017）、姜付秀等（2016）等，将公司特征变量包括所有权性质、公司规模、资本结构、成长能力、盈利能力、经营活动净现金流、抵押能力、公司年龄、资产流动性等作为控制变量。

三、样本和数据来源

由于中国结构性货币政策工具从 2013 年才陆续推出并实施，所以本章选取全部 A 股中非 ST 的上市公司 2013 年至 2018 年的财务数据为初始样本，按以下步骤对数据进行处理：按照证券行业 2012 年行业分类标准，剔除金融行业的上市公司；剔除数据缺失较为严重的样本；剔除 2013 第 1 季度至 2018 年第 4 季度数据不连续的样本；剔除混合所有制企业以及样本期内所有权性质发生改变的企业，最终得到 42435 个样本观测值。对于结构性货币政策工具操作余额等宏观变量运用 CensusX - 12 进行季节性处理，对所涉及的连续变量在 1% 和 99% 分位上进行缩尾处理以消除极端值的影响，最终得到平衡面板数据以保证后续实证检验的有效性。

数据主要来源如下：上市公司相关财务数据均来源于国泰安数据库；结构性货币政策工具操作数据来自 Wind 数据库，并对照中央银行货币政策操作表进行校对以确保数据的真实性。

第三节　结构性货币政策的有效性检验

本部分主要从实证角度分别考察多种货币政策工具对企业融资约束（SA 指数）的影响。我们首先运用双向固定效应模型对全样本进行回归并以此作为基准模型结果，然后按产权性质将企业划分为民营企业、国有企业，根据企业融资规模将全样本企业划分为中小型企业和大型企业（魏志华等，2014），基于不同分类的子样本分别考察各个结构性货币政策工具对上述特征企业差异化的调控效果并结合货币政策传导信贷渠道、各类货币政策的目标定位与实际操作情况对实证结果进行分析。最后，进一步展开多个维度的内生性规避与稳健性检验，以评估和确认结论的稳定性和可靠性。

一、变量描述性统计与分析

表 4-2 是经 1% 缩尾处理后数据的描述性统计结果。样本中民营企业占比 57%；SA 均值为 3.7820，中位数为 3.7800，与姜付秀等 (2016) 对 SA 指数的描述性统计基本一致；SA 标准差为 0.2280，说明不同公司的融资约束差异较大。企业层面的特征变量中，公司年龄、公司资产流动性两个变量的标准差较大，说明数据样本中公司成立年限、公司资产流动性存在较大差异，其他特征向量差异并不十分显著。另外，货币政策工具操作变量表现出较大的波动性，尤其是 MLF、PSL、SLF 三类工具，这主要是因为我国近年来频繁利用中期借贷便利、常备借贷便利进行流动性调节，与实际经济情况较为贴合。

表 4-2　主要变量描述性统计

变量	最小值	均值	最大值	1/4 分位	中位数	3/4 分位	标准差
SA	3.0960	3.7820	5.2050	3.6290	3.7800	3.9360	0.2280
Inv	-0.3730	0.0666	1.7840	0.0262	0.0492	0.0864	0.0649
Size	5.8340	8.3380	11.8800	7.5130	8.2130	9.0500	1.1460
Age	3	17.1700	51	14	17	21	5.4840
CF	-0.1650	0.0100	0.1830	-0.0200	0.0081	0.0393	0.0528
ROA	-0.1150	0.0476	1.0800	0.0036	0.0151	0.0435	0.1120
Growth	-0.9710	0.4300	4.8240	-0.3060	0.4120	0.9920	0.9620

变量	最小值	均值	最大值	1/4 分位	中位数	3/4 分位	标准差
Liquid	0.3130	2.3770	18.7200	1.1450	1.6610	2.6880	2.2570
Lev	0.0477	0.4290	0.8990	0.2590	0.4210	0.5860	0.2060
Mort	0.0012	0.3480	7.6450	0.0630	0.1530	0.3350	0.6920
Owner	0	0.5700	1	0	1	1	0.4950
LnMLF	-12.0300	1.8780	8.8890	-10.8400	6.7430	8.1620	8.7910
LnPSL,	-11.7700	-0.6880	8.2210	-11.4600	7.1390	7.8160	9.4880
LnSLF	-12.3000	-1.4020	7.6370	-10.1100	2.1150	4.5350	7.1970
XZBJ	18.0600	16.2000	13.5100	17.9800	15.5000	15.0200	1.5250
M_2	8.0660	11.6600	15.6800	9.3770	12.1400	13.3500	2.2700
GLR	5.5540	6.3420	7.3090	5.7000	6.0660	7.1160	0.6750

资料来源：数据来自 Wind 数据库，经 Stata 处理得到。

表 4 - 3 为公司层面主要变量之间的 Pearson 相关系数矩阵，可以发现：除公司年龄（Age）与融资约束（SA）、公司规模（Size）与公司资产负债率间的相关系数高于 0.5 外；其余所有变量间的相关系数均低于 0.5，并且绝大多数相关系数在 1% 水平下显著，这说明变量间不存在严重的多重共线性，一定程度上保证了估计的准确性。由于本章分别考察货币政策工具对企业融资约束的影响，规避了货币政策工具变量间的多重共线性问题，所以未对其相关系数予以列示。

表4－3 Pearson 相关系数矩阵

	SA	Inv	CF	Owner	ROA	Growth	Liquid	Lev	Mort	Size	Age
SA	1										
Inv	-0.106***	1									
CF	0.010**	0.251***	1								
Own	-0.321***	0.091***	-0.026***	1							
ROA	-0.113***	0.035***	-0.009*	0.042***	1						
Growth	-0.002	-0.067***	-0.051***	-0.006	0.057***	1					
Liquid	-0.125***	-0.002	-0.008	0.221***	-0.014***	0.003	1				
Lev	0.188***	-0.064***	-0.082***	-0.308***	-0.129***	0.007	-0.330***	1			
Mort	-0.071***	0.029*	0.009*	-0.040***	0.429***	-0.019***	-0.146***	-0.065***	1		
Size	0.195***	-0.038***	0.070***	-0.323***	-0.226***	0.006	-0.204***	0.527***	-0.205***	1	
Age	0.947***	-0.117***	0.001	-0.345***	-0.085***	0.004	-0.134***	0.219***	-0.032***	0.229***	1

注：*、**、***分别为在10%、5%、1%水平下显著。

二、不同货币政策工具对企业融资约束的调控效果

表4-4—表4-8分别列示了常备借贷便利、抵押补充贷款、定向降准、中期借贷便利四类结构性货币政策工具对民营企业与国有企业、中小型企业与大型企业等特征企业融资约束影响的实证检验结果，所选取的公司层面特征向量与前文保持一致。

表4-4所示的回归结果中，滞后一期的常备借贷便利 L. lnSLF 的回归系数在5%、1%的水平下显著为负，这说明中央银行前一季度开展的常备借贷便利操作能缓解民营企业、中小企业的融资约束，未出现全样本实证检验结果中的不稳定现象，说明该政策较好地发挥了定向调控效果。另一方面，国有企业、大型企业子样本中 lnSLF、L. lnSLF 的回归系数均不具有统计上的显著性，说明常备借贷便利操作对国有企业、大型企业作用效果不明显。上述结果与常备借贷便利政策的定位与实际操作准则相符：2014 年中央银行推出常备借贷便利的主要目的即完善中央银行对中小金融机构提供正常流动性的供给渠道。因为相较于国有大型金融机构，中小金融机构更愿意为中小微企业、民营企业提供融资支持；所以中央银行通过加强对中小金融机构的资金供给，以期通过该渠道加大对中小微企业、民营企业的金融支持；上述实证结果证明调控机制确实发挥了实质性效果，实现了结构性调控目标。

表4-4 常备借贷便利与特征企业融资约束

	民营企业	国有企业	中小企业	大型企业
lnSLF	-0.0005	-0.0002	-0.0004	-0.0002
	[-1.44]	[-0.75]	[-1.44]	[-0.75]
L. lnSLF	-0.0013**	-0.0009	-0.0020***	-0.0009
	[-2.17]	[-1.23]	[-3.79]	[-1.23]
Size	0.0313***	-0.0185***	0.0920***	-0.0185***
	[6.74]	[-3.08]	[53.88]	[-3.08]
Age	0.0307***	0.0334***	0.0315***	0.0334***
	[15.14]	[12.78]	[15.37]	[12.78]
ROA	-0.0264***	-0.0198***	-0.0019	-0.0198***
	[-4.57]	[-4.52]	[-0.95]	[-4.52]
CF	-0.0062	-0.0057	-0.0131***	-0.0057
	[-0.64]	[-0.60]	[-3.27]	[-0.60]
Growth	0.0002	-0.0001	-0.0000	-0.0001
	[1.23]	[-0.37]	[-0.22]	[-0.37]
Liquid	0.0013***	-0.0001	0.0002*	-0.0001
	[4.87]	[-0.21]	[1.78]	[-0.21]
Lev	0.0117	0.0010	0.0011	0.0010
	[1.28]	[0.07]	[0.31]	[0.07]
Mort	-0.0091***	-0.0058***	-0.0014**	-0.0058***
	[-4.89]	[-5.13]	[-2.43]	[-5.13]
Cons	3.0266***	3.4139***	2.5867***	3.4139***
	[71.82]	[43.76]	[61.51]	[43.76]
时间效应	已控制			
行业效应	已控制			
N	19705	14242	16552	14242
adj. R^2	0.868	0.836	0.959	0.836

抵押补充贷款对特征企业融资约束影响的实证结果如表4－5所示，其中中小企业样本中 lnPSL、L. lnPSL 的系数分别为 － 0.0066、－ 0.0044，并且分别在 1%、5% 水平下显著。即当期以及前一期抵押补充贷款操作均会显著降低中小企业融资约束。民营企业样本中仅当期值在 10% 水平下显著。至于大型企业、国有企业样本中，当期值和滞后一期值均不显著。可能的原因是，2014 年初，抵押补充贷款工具首先在棚户区改造项目领域进行试点，为其提供了较为充裕的低成本资金，其目的是通过定向的结构性资金支持以缓解社会各部门间的流动性结构失衡问题，从而改善市场对流动性风险的悲观预期。当时推出抵押补充贷款的中国央行扮演了"风险中和器"的角色（余振等，2016），该政策通过将风险资产转移至中央银行，降低市场的风险预期从而增强金融机构的放贷意愿。在抵押补充贷款降低了整体风险预期后，金融机构惜贷的现象得到缓解，能为实体部门提供相对更充裕的资金，使民营企业和中小企业更加容易获得信贷资金。本章的实证结果证实了抵押补充贷款政策效果明显且符合预期。

表4－5　抵押补充贷款与特征企业融资约束

	民营企业	国有企业	中小企业	大型企业
lnPSL	－ 0.0029 *	－ 0.0025	－ 0.0066 ***	－ 0.0025
	[－ 1.86]	[－ 1.17]	[－ 3.43]	[－ 1.17]
L. lnPSL	－ 0.0010	－ 0.0014	－ 0.0044 **	－ 0.0014
	[－ 0.64]	[－ 0.73]	[－ 2.17]	[－ 0.73]
Size	0.0313 ***	－ 0.0185 ***	0.0920 ***	－ 0.0185 ***
	[6.74]	[－ 3.08]	[53.88]	[－ 3.08]

续表 4 - 5

	民营企业	国有企业	中小企业	大型企业
Age	0.0365***	0.0376***	0.0416***	0.0376***
	[26.28]	[22.01]	[36.67]	[22.01]
ROA	-0.0264***	-0.0198***	-0.0019	-0.0198***
	[-4.57]	[-4.52]	[-0.95]	[-4.52]
CF	-0.0062	-0.0057	-0.0131***	-0.0057
	[-0.64]	[-0.60]	[-3.27]	[-0.60]
Growth	0.0002	-0.0001	-0.0000	-0.0001
	[1.23]	[-0.37]	[-0.22]	[-0.37]
Liquid	0.0013***	-0.0001	0.0002*	-0.0001
	[4.87]	[-0.21]	[1.78]	[-0.21]
Lev	0.0117	0.0010	0.0011	0.0010
	[1.28]	[0.07]	[0.31]	[0.07]
Mort	-0.0091***	-0.0058***	-0.0014**	-0.0058***
	-0.0029*	-0.0025	-0.0066***	-0.0025
Cons	2.9489***	3.3500***	2.4785***	3.3500***
	[78.71]	[65.94]	[108.47]	[65.94]
时间效应	已控制			
行业效应	已控制			
N	19705	14242	16552	14242
adj. R^2	0.868	0.836	0.959	0.836

　　表 4-6 是定向降准政策对特征企业的调控作用回归结果。民营企业、中小企业子样本回归结果中 L. XZBJ 的系数在 1% 的水平下显著为负，即下调中小型金融机构存款准备金率可以在下一期显著降低民营企业融资约束、但对降低中小企业融资约束的作用却不显著。值得注意的

另一点是，当期 XZBJ 的系数显著为正，即当期定向降准政策反而加剧了民营企业和中小企业的融资约束，这可能是因为货币政策传导存在时滞，同时也说明定向降准的政策效果不稳定。另外，定向降准政策对国有企业、大型企业的融资约束作用效果不明显。可能的原因是，中小型金融机构出于自身经营管理的需求，并未完全将增加的可贷资金提供给中小企业和民营企业，货币政策传导机制可能不畅通。2018 年，中央银行四次定向降准释放长期资金，鼓励金融机构加大对中小微企业、民营企业的信贷投放，截至 2019 年 1 月，中小型商业银行法定存款准备金率为 11.5%，县域农村金融机构存款准备金率为 8%。央行多次降准也从侧面反映出定向降准政策效果不及预期，因此央行一再通过下调存款准备金率来试图达到定向扶持中小微企业、民营企业的目的。

表 4-6 定向降准政策与特征企业融资约束

	民营企业	国有企业	中小企业	大型企业
XZBJ	0.0028***	0.0023	0.0008*	0.0023
	[4.79]	[1.28]	[1.76]	[1.28]
L.XZBJ	-0.0019***	-0.0124	-0.0005	-0.0124
	[-3.43]	[-1.14]	[-1.06]	[-1.14]
Size	0.0311***	-0.0185***	0.0923***	-0.0185***
	[6.71]	[-3.08]	[54.67]	[-3.08]
Age	0.0385***	0.0360***	0.0404***	0.0360***
	[51.57]	[23.39]	[138.56]	[23.39]
ROA	-0.0256***	-0.0198***	-0.0013	-0.0198***
	[-4.44]	[-4.52]	[-0.67]	[-4.52]
Growth	0.0000	-0.0001	-0.0001	-0.0001
	[0.25]	[-0.37]	[-1.05]	[-0.37]

	民营企业	国有企业	中小企业	大型企业
Liquid	0.0013***	-0.0001	0.0002*	-0.0001
	[4.99]	[-0.21]	[1.77]	[-0.21]
Lev	-0.0037	0.0000	-0.0146***	-0.0057
	[-0.46]	[.]	[-4.14]	[-0.60]
Mort	0.0119	0.0010	0.0015	0.0010
	[1.31]	[0.07]	[0.40]	[0.07]
Cons	2.9001***	3.1991***	2.4173***	3.1991***
	[92.43]	[20.91]	[179.88]	[20.91]
时间效应	已控制			
行业效应	已控制			
N	19705	14242	16552	14242
adj. R^2	0.866	0.836	0.959	0.836

表 4 - 7 显示，当期和前一期的中期借贷便利操作不仅未达到缓解民营企业、中小企业融资约束的目的，反而加剧了民营企业融资约束。原因可能是中期借贷便利操作并未对商业银行产生"硬约束"，商业银行基于自身经营盈利性与安全性的考虑，对于中小企业、民营企业仍然存在"不敢贷"现象，货币政策信贷渠道并不通畅。从政策实践来看，为进一步强化中期借贷便利操作的调控效果，中央银行于 2018 年创设定向中期借贷便利（TMLF），同时扩大央行合格担保品范围，进一步定向扩大对中小微企业、民营企业的信贷投放。这也从侧面说明前期进行的中期借贷便利操作对中小微企业、民营企业的支持效果不佳。

表 4 - 7　中期借贷便利与特征企业融资约束

	民营企业	国有企业	中小企业	大型企业
lnMLF	0.0003***	0.0007	0.0000	0.0007
	[7.67]	[1.06]	[1.04]	[1.06]
L. lnMLF	0.0002***	-0.0012	0.0001***	-0.0012
	[3.68]	[-0.90]	[3.99]	[-0.90]
Size	0.0311***	-0.0185***	0.0921***	-0.0185***
	[6.72]	[-3.08]	[54.42]	[-3.08]
Age	0.0369***	0.0350***	0.0399***	0.0350***
	[47.60]	[19.36]	[149.96]	[19.36]
ROA	-0.0252***	-0.0198***	-0.0012	-0.0198***
	[-4.38]	[-4.52]	[-0.59]	[-4.52]
CF	-0.0064	-0.0057	-0.0144***	-0.0057
	[-0.78]	[-0.60]	[-4.05]	[-0.60]
Growth	0.0001	-0.0001	-0.0001	-0.0001
	[0.63]	[-0.37]	[-0.92]	[-0.37]
Liquid	0.0013***	-0.0001	0.0002*	-0.0001
	[4.91]	[-0.21]	[1.75]	[-0.21]
Lev	0.0121	0.0010	0.0015	0.0010
	[1.32]	[0.07]	[0.41]	[0.07]
Mort	-0.0093***	-0.0058***	-0.0015**	-0.0058***
	[-4.95]	[-5.13]	[-2.52]	[-5.13]
Cons	2.9086***	3.3775***	2.4216***	3.3775***
	[99.37]	[47.91]	[221.65]	[47.91]
时间效应	已控制			
行业效应	已控制			
N	19705	14242	16552	14242
adj. R^2	0.867	0.836	0.959	0.836

三、稳健性检验

本章选取企业融资约束的其他度量指标进行稳健性检验。参考黄志忠和谢军（2013）、姜付秀等（2016）的做法，本章采用投资—现金流敏感系数（Inv）作为替代指标衡量企业的融资约束，并参照姜付秀等（2016）的做法，为避免内生性问题，连续的控制变量均做滞后一期处理。稳健性检验的模型如下：

$$Inv_{i,t} = \alpha + \beta_0 SMP_t + \beta_1 SMP_{t-1} + \beta_2 SMP_t \times CF_{t-1} +$$
$$\beta_3 SMP_{t-1} \times CF_{t-1} + \gamma_0 CF_{t-1} + \qquad (4-2)$$
$$\gamma_1 Controls_{t-1} + \gamma_2 Controls_{t-1} \times CF_{t-1} + \varepsilon$$

其中，$Inv_{i,t}$ 为投资—现金流敏感系数，作为衡量企业融资约束的替代变量，解释变量 SMP_t 表示结构性货币政策工具，$Controls_{it}$ 表示企业层面的控制变量，与之前使用的指标一致。CF 为企业经营活动的净现金流；i 代表微观企业个体，t 表示时期；α 和 ε 分别表示截距项和随机扰动项。基于上述模型，本章重新对各结构性货币政策工具与特征企业融资约束间的关系进行实证检验，表 4-8 列示了 $MP_t \times CF_{t-1}$、$MP_{t-1} \times CF_{t-1}$ 的回归结果。

表 4-8　不同结构性货币政策工具与特征企业融资约束①

	民营企业	国有企业	中小企业	大型企业
lnSLF × CF_{t-1}	-0.0005	0.0011	-0.0004	0.0011
	[-0.47]	[0.97]	[-0.34]	[0.97]

---

① 其中各组检验中公司层面控制变量、时间效应、行业效应均以控制，本章未列出全部稳健性检验结果。

续表 4 - 8

	民营企业	国有企业	中小企业	大型企业
L. lnSLF × CF_{t-1}	-0.0033***	-0.0011	-0.0029***	-0.0011
	[-3.30]	[-1.13]	[-2.77]	[-1.13]
lnPSL × CF_{t-1}	-0.0007	-0.0003	-0.0004	-0.0003
	[-0.59]	[-0.32]	[-0.36]	[-0.32]
L. lnPSL × CF_{t-1}	-0.0024**	-0.0009	-0.0008	-0.0009
	[-2.54]	[-1.07]	[-0.86]	[-1.07]
XZBJ × CF_{t-1}	-0.0193**	-0.0061	0.0054	-0.0061
	[-2.13]	[-0.76]	[0.54]	[-0.76]
L. XZBJ × CF_{t-1}	0.0086***	0.0010*	0.0088***	0.0010*
	[13.21]	[1.72]	[12.93]	[1.72]
lnMLF × CF_{t-1}	-0.0013**	-0.0015	-0.0001	-0.0015
	[-2.34]	[-1.28]	[-0.10]	[-1.28]
L. lnMLF × CF_{t-1}	-0.0011***	0.0004	-0.0011	0.0004
	[-2.67]	[0.44]	[-1.11]	[0.44]
N	19705	14242	16552	14242

由稳健性检验结果可知，民营企业、中小企业组的 L. lnSLF × CF_{t-1} 系数为负，并且在 1% 的水平下显著；民营企业组 L. lnPSL × CF_{t-1}、lnMLF × CF_{t-1} 和 L. lnMLF × CF_{t-1} 的系数显著为负，这说明当期和前一期的常备借贷便利操作、抵押补充贷款操作和中期借贷便利均能缓解特征企业融资约束。XZBJ × CF_{t-1} 与 L. XZBJ × CF_{t-1} 在民营企业组的系数再一次发生正负转变，在中小企业组系数为正，说明定向降准的调控效果仍然不稳定。综上所述，实证结果与表 4-3—表 4-7 的结论基本一致，实证结果稳健。

第四节 结构性货币政策的传导渠道检验

在确定了不同的结构性货币政策工具对特征企业的融资约束具有不同的调控效果后，本章进一步验证不同结构性货币政策工具传导渠道是否通畅。前文对已有文献进行梳理后指出结构性货币政策传导渠道主要包括信号渠道、资产组合平衡效应、银行信贷渠道、信用风险渠道。信号渠道主要是指央行通过发布公告、释放信号稳定市场预期，促使商业银行放松对于企业的信贷条件；资产组合平衡渠道的作用机制来自央行通过资产购买计划改变金融体系中资产之间的供求关系，对各金融机构主体的资产结构产生影响，该渠道的有效性取决于金融市场的完善程度；信用风险渠道指央行通过结构性货币政策缓解金融机构的流动性短缺，降低银行部门的信用风险；而银行资金渠道通过直接刺激银行的信贷意愿、放松信贷条件的方式来发挥作用。

本章重点考察结构性货币政策的银行信贷渠道、信用风险渠道。原因如下：首先，我国央行迄今为止尚未对特定资产进行直接购买，因此资产组合平衡渠道的效果并不明显（刘澜飚等，2017）。其次，相较于降准等传统宏观调控方式，国内普通投资者对借贷便利、抵押补充贷款等政策工具了解较少，对这类政策调控的反应不够敏感，导致结构性货币政策的信号效果可能不如传统货币政策明显（刘澜飚等，2017）；并且央行对各类结构性货币政策的高频运用导致不同结构性货币政策工具的央行公告时间较为接近，所产生的信号效应会存在交叉、叠加，这使得清晰地分离出各个货币政策工具的信号渠道传导效果较为困难。最后，彭俞超和方意（2016）认为结构性货币政策旨在调整商业银行的信贷资产结构，优化商业银行投入不同实体经济行业的信贷资产的比例关系，而余振等（2017）认为结构性货币政策工具通过风险转移来稳定市场预期，致力于弱化商业银行的"惜贷"行为，两种观点分别说明结构性货币政策工具主要通过银行信贷渠道、信用风险渠道发挥作用。

一、指标选取与模型设定

为考察银行信贷渠道、信用风险渠道在结构性货币政策定向调控中所起的作用，本章引入货币政策工具变量与传导渠道变量的交乘项。由于传统货币政策工具未能缓解特征企业融资约束，所以接下来只对结构性货币政策工具的传导渠道进行考察。与前文保持一致，综合考虑样本数据的完整性以及结构性货币政策实施期限较短的限制，本章选取2013 年至 2018 年的相关季度数据进行分析。

模型构建中，特征企业融资约束（SA 指数）仍然是主要的被解释变量；将传导渠道（记为"Channel"）纳入考量后，核心解释变量为结构性货币政策工具变量与传导渠道变量的交乘项；关于信用风险渠道，鉴于银行的流动性与信用风险之间存在紧密的联系，并且大多数学者认为，欧元区货币市场利率（Euribor）可以很好地反映从银行间借贷市场融资的难易程度和交易对手风险的变化情况（德拉吉，2014；康斯坦西奥，2015），本章采用中国银行间同业拆借利率（7 天）作为信用风险渠道的替代变量（记为 TYCJ）。为了直观反映较低的银行间同业拆借借利率意味着银行信用风险水平越低，进而有利于银行增加对实体经济的信贷支持，所以对同业拆借利率进行负向化处理（取其相反数)。公司层面控制变量选取及处理与前文一致。关于银行信贷渠道，央行通过结构性货币政策工具提升商业银行对弱势企业的贷款意愿，放松对民营企业、中小微企业的放贷条件，从而使信贷投向发生变化。迈尔斯（2012）认为对企业等不同部门的信贷规模可以反映出银行资金渠道的有效性。所以本章采用金融机构小微企业贷款余额（记为 XW-LOAN）来反映结构性货币政策银行信贷渠道的有效性。控制变量选取与前文保持一致；样本数据主要来自 Wind 数据终端，并根据中央银行披露的数据进行校准。同时对所有新宏观变量采用 Census X – 12 进行季节性调整，绝对数指标全部进行对数化处理。在模型（4 – 1）的基础上引入结构性货币政策变量与渠道变量的交乘项（ SMP_t × $Channel_t$ ），其余设定保持不变。模型设定如下：

$$FC_{i,t} = \alpha + \beta_0 SMP_t + \beta_1 SMP_{t-1} + \varphi S MP_t \times Channel_t +$$
$$\gamma Controls_{i,t-1} + \varepsilon_{it} \qquad (4-3)$$

其中，$FC_{i,t}$ 为被解释变量，表示企业融资约束，SMP_t 表示结构性货币政策工具变量；SMP_t × $Channel_t$ 表示结构性货币政策工具与传导渠道的交乘项；其中 Channel 包括信用风险渠道变量 TYCJ 以及银行信贷渠道 XWLOAN；$Control_{i,t-1}$ 表示企业层面的控制变量，i 代表微观企业个体，t 表示时期；α 和 ε_{it} 分别表示截距项和随机扰动项。

二、传导渠道的检验与分析

1. 识别思路

关于不同结构性货币政策的传导渠道是否存在、存在后是否畅通的判断思路如图 4 – 1 所示。其中①表示不同结构性货币政策工具与特征企业融资约束间的关系，前文实证研究已经进行检验与分析。②、③分别表示结构性货币政策工具对特征企业融资约束影响的信用风险渠道、银行信贷渠道；对应下文引入 $SMP_t \times TYCJ_t$、$SMP_t \times XWLOAN_t$ 的检验结果。如果前文验证的①有效且下文验证的②（③）也有效，这说明对应的传导渠道畅通；但如果前文验证的①无效，而引入交乘项后，交乘项显著为负，这表明渠道变量在政策工具调控过程中发挥重要调节作用，即对应的传导渠道只有②b（③b）畅通，那么①无效的原因来自②a（③a）的阻滞。如果而引入交乘项后，交乘项不显著或系数不符合预期，说明渠道变量在政策工具调控过程中不具有发挥调节作用，即该渠道并不存在。

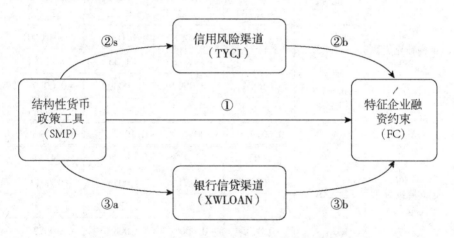

图 4-1 结构性货币政策的传导渠道的判断图示

①2. 检验结果

结构性货币政策旨在对民营企业、中小微企业进行定向扶植，所以本章只报告民营企业、中小企业两类特征企业中，不同结构性货币政策工具的银行信贷渠道、信用风险渠道的有效性检验结果。表 4-9 是不同结构性货币政策工具的传导渠道检验结果，我们有如下发现：

表4-9　各结构性货币政策工具的传导渠道检验①

组别	变量	信用风险渠道		银行信贷渠道	
		民营企业	中小企业	民营企业	中小企业
A组：常备借贷便利（SLF）	lnSLF	-0.0108**	-0.0199***	0.2735**	0.5168***
		[-1.98]	[-3.04]	[1.99]	[3.04]
	L.lnSLF	-0.0015**	-0.0023***	0.0005	0.0014**
		[-2.17]	[-3.72]	[1.21]	[2.04]
	lnSLF*Channel②	-0.0028**	-0.0053***	-0.0220**	-0.0416***
		[-1.99]	[-3.04]	[-1.99]	[-3.04]
B组：抵押补充贷款（PSL）	lnPSL	-0.0027*	-0.0065***	0.0366***	
		[-1.78]	[-3.31]	[10.31]	[5.70]
	L.lnPSL	-0.0032	-0.0051**	0.0001	-0.0001
		[-1.45]	[-2.18]	[1.55]	[-1.64]
	lnPSL*Channel	0.0004	0.0002	-0.0030***	-0.0009***
		[1.31]	[0.37]	[-10.29]	[-5.64]
C组：定向降准政策（XZBJ）	XZBJ	0.0019**	0.0042***	0.1097***	0.0273***
		[2.03]	[3.47]	[9.78]	[4.47]
	L.XZBJ	-0.0099**	-0.0171***	-0.0053***	-0.0011**
		[-2.04]	[-3.21]	[-7.19]	[-2.16]
	XZBJ*Channel	-0.0005*	-0.0005**	-0.0087***	-0.0022***
		[-1.84]	[-2.42]	[-9.84]	[-4.50]

① 其中各组检验中公司层面控制变量、时间效应、行业效应均已控制，本章未列出全部回归结果。

② 信用风险渠道检验中 lnSLF * Channel 代表 lnSLF * TYCJ，银行信贷渠道检验中 lnSLF * Channel 代表 lnSLF * XWLOAN；下同。

组别	变量	信用风险渠道		银行信贷渠道	
		民营企业	中小企业	民营企业	中小企业
D 组：中期借贷便利（MLF）	lnMLF	- 0. 0002	0. 0235 **	0. 0377 ***	0. 0129 ***
		[- 0. 98]	[2. 25]	[10. 49]	[5. 50]
	L. lnMLF	0. 0002 ***	0. 0093 **	0. 0002 ***	0. 0001 ***
		[4. 83]	[1. 97]	[3. 49]	[4. 05]
	lnMLF* Channel	- 0. 0001 ***	0. 0045 **	- 0. 0032 ***	- 0. 0011 ***
		[- 2. 96]	[2. 07]	[- 10. 49]	[- 5. 51]
样本量	N	19705	16552	19705	16552

A 组对常备借贷便利的信用风险渠道的考察中，lnSLF、L. lnSLF 的回归系数依旧显著为负，引入 lnSLF × Channel（lnSLF × TYCJ）的回归系数同样显著为负，说明信用风险渠道在常备借贷便利缓解特征企业融资约束过程中具有重要影响，银行间信用风险的降低会进一步显著降低民营企业、中小企业的约束，这一结果证明常备借贷便利的信用风险渠道较为畅通；另外，关于银行信贷渠道的检验发现，lnSLF × XWLOAN 的系数显著为负，并且无论是民营企业还是中小企业，该变量系数的绝对值均大于信用风险渠道中的结果，这不仅说明常备借贷便利的银行信贷渠道畅通，还反映出常备借贷便利经由银行信贷渠道发挥的作用大于通过信用风险渠道传导的效果。上述检验结果也验证了前文常备借贷便利能有效降低民营企业、中小企业两类特征企业融资约束的发现。

根据 B 组结果可以发现，在考察抵押补充贷款的信用风险渠道时，民营企业中 lnPSL、L. lnPSL 的回归系数不再高度显著，中小企业中 lnPSL、L. lnPSL 系数依旧显著为负；另外，两个子样本中 lnPSL × TYCJ

的回归系数均不显著，说明抵押补充贷款缓解特征企业融资约束并非通过信用风险渠道。对抵押补充贷款的银行信贷渠道的检验结果发现在两类子样本中虽然 lnPSL、L. lnPSL 系数或为正、或不显著，但 lnPSL × XWLOAN 的系数都显著为负，这说明银行的信贷资金支持在抵押补充贷款的调控效果中发挥重要作用，即抵押补充贷款降低特征企业的融资约束主要通过银行信贷渠道实现，而非通过信用风险渠道。

定向降准的传导渠道检验结果如 C 组所示，可以发现引入了定向降准与渠道变量的交乘项后，XZBJ 与 L. XZBJ 回归结果依然显著，但两者仍然存在正负不一致的问题。而 XZBJ × TYCJ 的系数分别在10%、5%的显著性水平下为负，说明只有当银行信用风险较低时，定向降准政策才能够有效缓解特征企业的融资约束。另外，XZBJ × XWLOAN 的系数均在1%的显著性水平下为负，且回归系数的绝对值大于信用风险渠道的回归结果，这说明银行信贷渠道在定向降准发挥的调节作用更大。渠道检验的结果说明降低银行信用风险水平以及对于增加中小微企业信贷投放都可以促使定向降准显著地缓解民营企业、中小企业的融资约束；然而，前文的政策效果检验却发现定向降准政策对企业融资约束的影响表现出不确定性，这就表明定向降准政策未能降低商业银行信用风险水平，也没有成功引导银行部门增加对于弱势企业的信贷投放，即信用风险渠道、银行信贷渠道存在一定的阻滞，进一步疏通这两类渠道可以有效发挥定向降准政策的调控作用。

从 D 组的结果可以看出，民营企业中 lnMLF × TYCJ 系数显著为负，而中小企业中 lnMLF × TYCJ 的系数则显著为正，说明利用中期借贷便利进行调控时，降低银行间信用风险水平并不能有效缓解企业融资约束，即中期借贷便利不能通过信用风险渠道对特征企业融资约束施加影响；另外，在两类特征企业中 lnMLF×XWLOAN 都显著为负，说明增加银行信贷支持可以显著降低企业融资约束。但结构性货币工具与特征企业融资约束关系的实证检验结果发现中期借贷便利并不能有效缓解企业融资约束，这说明中期借贷便利没有成功地引导商业银行增加对民营企业、中小企业融资支持，银行信贷渠道不够畅通。

本章小节

本章从结构性货币政策有效性视角出发，基于 1845 家上市公司 2013 年第 1 季度至 2018 年第 3 季度的数据样本；采用不同的回归方法、不同的融资约束测度方法、对比不同的特征企业子样本实证结果，全面细致地分析了不同结构性货币政策工具对民营企业、中小微企业、国有企业、大型企业融资约束的差异化影响，并结合各类结构性货币政策工具的实施特点进行解读，最后进一步考察结构性货币政策传导渠道的有效性。研究发现：

第一，相较于传统货币政策工具，结构性货币政策工具在缓解民营企业、中小企业融资约束方面更加有效，其中抵押补充贷款、常备借贷便利效果最为显著，政策效果表现出明显的时滞特征；而定向降准政策效果具有不稳定性，中期借贷便利操作并不能缓解民营企业、中小企业融资约束。各类结构性货币政策工具都没有对国有企业、大型企业融资约束产生显著影响。

第二，采用投资—现金流敏感系数作为融资约束的替代指标对不同结构性货币政策工具与特征企业融资约束关系进行检验，发现上述结果依然稳健。

第三，不同结构性货币政策工具传导渠道存在差异且传导渠道的畅通情况也不尽相同。表现在以下四个方面：①常备借贷便利的信用风险渠道、银行信贷渠道均有效，且缓解特征企业融资约束时银行信贷渠道发挥的作用更大；②抵押补充贷款主要通过银行信贷渠道实现定向调控，信用风险渠道传导并不存在；③定向降准政策的信用风险渠道、银行信贷渠道都存在，但传导效率欠佳；④而中期借贷便利只存在银行信贷渠道，目前该渠道存在阻滞。

基于上述实证结果，本章认为在实践中，应综合利用多种结构性货币政策工具，打好货币政策调控的"组合拳"，并且应该通过政策实施的具体规定进一步加强结构性货币政策操作的"靶向性"。部分结构性货币政策效果欠佳并且传导渠道存在"阻塞"现象，这就需要进一步加强对商业银行的信贷引导，切实降低商业银行信用风险水平，从而打破商业银行对民营企业、中小微企业等弱势企业的"惜贷"倾向；同时不断创新结构性货币政策工具以更好地疏通货币政策传导渠道。本章的研究局限在于：首先，由于我国结构性货币政策实施时间不长，样本选取受到时间维度上的限制，可能在统计上对本章的研究结果产生一定影响。其次，不同区域经济状况、金融化水平各异，使得不同地区的微观企业个体、金融机构对结构性货币政策操作的反应不尽相同，因此结构性货币政策对企业融资约束的影响机制比本章所涉及的研究内容更复杂、更丰富。最后，国内经济形势复杂多变并独具中国特色，对于企业融资约束的影响因素更是涉及方方面面，这与实证模型仅能包含有限变量是相矛盾的，本章只将多种货币政策工具纳入考量，没有进行更多政策变量的控制，值得和需要后续进一步的完善。

结论与政策建议

主要结论

本书围绕着宏观经济不确定性与货币政策有效性之间的关系这一核心问题进行研究。得出以下结论：

第一，通过对宏观经济经济不确定性测度与比较，本书发现，经济政策不确定更多的是反映各国经济政策的变化，而不能完全反映宏观经济不确定性；同时，经济政策不确定性很有可能是相关决策部门根据宏观经济不确定性做出的被动反应。股市波动率 VIX 则由于我国资本市场的不完善，不能完全反映整个经济的不确定性，而且 VIX 与宏观经济不确定性指数相比，VIX 可以反映经济不确定变化时间，但是不能反映宏观经济不确定性的具体程度。

第二，基于宏观经济不确定性对货币政策有效性的影响，研究发现，首先，宏观经济不确定性会弱化数量型货币政策有效性，会在边际上显著降低政策刺激对产出的促进效果，但基本上不会改变其作用方向。具体而言，随着宏观经济不确定性的提高，货币供给量 M2 和信贷 loan 对经济产出和价格水平的影响都会减小，影响时间也会变短，但是不会改其作用方向。其次，宏观经济不确定性会弱化价格型货币政策有效性，不会改变其对经济产出作用方向，但是改变其对价格水平的作用方向。具体而言，随着宏观经济不确定性的提高，利率对经济产出和价格水平的影响都会减小，影响时间也会变短。但是对于价格水平来说，宏观经济不确定性会改变利率冲击对价格水平的影响方向。最后，宏观经济不确定性会弱化货币政策收入分配的有效性，但是不会改变其作用方向。货币政策正向冲击，会加剧收入不平等，而且随着宏观经济不确定性的提高，货币政策加剧收入不平等会变得更加严重。

第三，基于宏观经济不确定性对货币政策结构调整效应的影响，研究发现，首先，不论是数量型货币政策还是价格型货币政策以及通胀，都对三大产业产生了影响，并且影响效果存在明显差异，所以存在显著的结构效应。具体来说，货币供给量 M2 和通胀对第二产业影响最大，第三产业次之，对第一产业的影响最小；而利率是对第二产业的影响最大，第一产业次之，对第三产业的影响最小。其次，考虑宏观经济不确定性这一因素以后，我们发现，随着宏观经济不确定性的提高，不论是数量型货币政策还是价格型货币政策以及通胀，对三大产业产生的影响都发生了显著变化，并且这种变化存在明显差异，所以宏观经济不确定性对货币政策结构效应具有有效的影响。再次，宏观经济不确定性对数量型货币政策的产业结构调整效应具有显著的影响。具体而言，随着宏观经济不确定性的提高，货币供给量 M2 冲击对三大产业影响无论在影响程度还是在影响时间上都发生了变化。其中，对第一产业的影响依然很小，与不考虑宏观经济不确定性基本一致；对第二产业的影响很大，具体来说，宏观经济不确定性能够很大程度减弱货币供给量 M2 对第二产业的影响，同时也大幅度减少影响的时间；对第三产业影响比较大，但是没有对第二产业的影响大。另外，宏观经济不确定性对价格型货币政策的产业结构调整效应具有显著的影响。具体而言，随着宏观经济不确定性的提高，利率冲击对三大产业影响无论在影响程度还是在影响时间上都发生了变化。其中，对第一产业的影响依然很小，与不考虑宏观经济不确定性基本一致；对第二产业的影响很大，具体来说，宏观经济不确定性能够很大程度减弱利率对第二产业的影响，同时也大幅度减少影响的时间；对第三产业影响在程度上比较小，但是加快了利率冲击对第三产业影响的速度（很快达到峰值），减少了影响时间。最后，宏观经济不确定性对通胀的产业结构调整效应具有显著的影响。具体而言，随着宏观经济不确定性的提高，CPI 冲击对三大产业影响无论在影响程度还是在影响时间上都发生了变化。其中，对第一产业的影响依然很小，与不考虑宏观经济不确定性基本一致；对第二产业的影响很大，具体来说，在高宏观经济不确定性时，CPI 的冲击影响明显小于不考虑宏观经济不确定性的情况，对于低宏观经济不确定性来说，CPI 冲击效果出现了反复波动，而且影响时间大幅度增长；对第三产业影响比较大，甚至出现了影响方向上的变化，但是对于低宏观经济不确定性方向并未发生变化，但是影响程度大于不考虑宏观经济不确定性的情况。

第四，基于宏观经济不确定性与结构性货币政策有效性，研究发现：首先，相较于传统货币政策工具，结构性货币政策工具在缓解民营企业和中小企业融资约束方面更加有效，其中抵押补充贷款、常备借贷便利效果最为显著，但政策效果表现出明显的时滞特征；定向降准政策效果具有不稳定性；中期借贷便利操作并不能缓解民营企业和中小企业融资约束。各类结构性货币政策工具都没有对国有企业、大型企业的融资约束产生显著影响。其次，采用投资—现金流敏感系数作为融资约束的替代指标对不同结构性货币政策工具与特征企业融资约束的关系进行再检验，发现上述结果依然稳健。最后，不同结构性货币政策工具的传导渠道存在差异且传导渠道的畅通情况也不尽相同。定向降准、中期借贷便利的微观有效性较弱，无法缓解企业融资约束，说明其传导渠道受阻；而常备借贷便利的信用风险渠道、银行信贷渠道均有效，且银行信贷渠道的作用更大；抵押补充贷款主要通过银行信贷渠道实现定向调控，并不经由信用风险渠道发挥作用。

政策建议

　　本书的研究结论对于经济不确定性不断加剧背景下优化货币政策调控、提升货币政策有效性具有重要借鉴意义，主要建议如下：

　　第一，政策当局不能够简单地以经济政策不确定性、股市波动率评判宏观经济不确定性状况，仅以股市波动率、经济政策不确定性看待当前宏观经济不确定性的情况，难免出现误判，而在此基础上进行的政策设计也会有所偏颇，造成政策效果无法达到预期。故应密切关注实体经济变量下测度的经济不确定指标并以此为认知基础，从而科学合理地把握我国的经济不确定性实时状态，并以此为依据有针对性地制定更为精确合理的调控政策与实施方案。

　　第二，央行切忌盲目进行扩张性货币政策，必须将扩张性货币政策的负面影响如加剧收入不平等纳入考量，综合考虑政策刺激与负面效应从而实施稳健的政策措施；另外，综合运用数量型货币政策与价格型货币政策进行调控时，必须兼顾平抑宏观经济不确定性，为政策实施提供平稳的经济运行环境，最大限度地降低经济不确定性对货币政策有效性的削弱作用，如此一来，才能充分发挥货币政策调控的作用。

第三，采用"量价结合"的混合货币政策规则进行经济结构调整，同时在不确定性较高的情况下可以考虑适当加大政策刺激力度以抵消经济不确定性对货币政策有效性的负面影响。价格性货币政策工具与数量型货币政策工具对不同产业的调控效果存在差异性，这就要求政策当局切忌采用"单一规则"，关注货币政策工具调控的"组合效应"与"特质效应"，避免单一政策调控造成发展结构失衡恶化。

第四，央行在货币政策实践中应综合利用多种结构性货币政策工具，打好货币政策调控的"组合拳"，并且应该通过政策实施的具体规定进一步加强结构性货币政策操作的"靶向性"。部分结构性货币政策效果欠佳并且传导渠道存在"阻塞"现象，这就需要不断创新结构性货币政策工具，同时进一步加强对商业银行的信贷引导，着力破除商业银行对民营企业和中小微企业等弱势企业的"惜贷"倾向，更好地疏通货币政策传导渠道。

参考文献

[1] Ale, Bulí. The impact of macroeconomic policies on the distribution of income [J]. Annals of Public & Cooperative Economics, 2001, 72 (2): 253 – 270.

[2] Amit Bhaduri, Stephen Marglin. Unemployment and the real wage: the economic basis for contesting political ideologies [J]. Cambridge Journal of Economics, 1990, 14 (4): 375 – 393.

[3] Annette Alstadsæter, Niels Johannesen, Gabriel Zucman. Tax Evasion and Inequality. Social Science Electronic Publishing, 2017.

[4] Alvaredo F., Atkinson A., Chancel L., et al. Distributional National Accounts (DINA) Guidelines: Concepts and Methods used in WID. world. Working Papers, 2016.

[5] Andrés Erosa, Gustavo Ventura. On inflation as a regressive consumption tax [J]. Journal of Monetary Economics, 2002, 49 (4): 761 – 795.

[6] Akerlof, G., 1970. The market for "lemons": quality, uncertainty and the market mechanism. Q. J. Econ. 84, 488 – 500.

［7］Angeloni, I., Faia, E., 2009. Tale of two policies: Prudential regulation and monetary policy with fragile banks. Mimeo, October 29.

［8］Bertrand Garbinti, Jonathan Goupille - Lebret, Thomas Piketty. Income inequality in France, 1900 - 2014: Evidence from Distributional National Accounts (DINA) ［J］. Social Science Electronic Publishing, 2018.

［9］Bauer and Neely. International channels of the fed's unconventional monetary policy ［Z］. Federal Reserve Bank of St. Louis Working Paper Series, 2012.

［10］Belke A. H., Gros D., Osowski T. Did quantitative easing affect interest rates outside the U. S. ? New evidence based on interest rate differentials ［J］. New Evidence Based on Interest Rate Differentials. CEPS Working Document, 2016 (416) .

［11］Bauer M. D., Neely C. J. International channels of the fed's unconventional monetary policy ［J］. Journal of International Money and Finance, 2014, 44: 24 - 46.

［12］Blanchard O, Dell' Ariccia G., Mauro P. Rethinking macroeconomic policy ［J］. Journal of Money, Credit and Banking, 2010, 42 (s1): 199 - 215.

［13］Christopher J. Niggle. Monetary Policy and Changes in Income Distribution ［J］. Journal of Economic Issues, 1989, 23 (3): 809 - 822.

［14］Christos Pitelis. Monetary Policy and the Distribution of Income: Evidence for the United States and the United Kingdom ［J］. Journal of Post Keynesian Economics, 2001, 23 (4): 617 - 638.

[15] Christina Romer, David Romer. Monetary policy and the well – being of the poor. CA, 1998.

[16] Christina D. Romer, David H. Romer. A New Measure of Monetary Shocks: Derivation and Implications [J]. American Economic Review, 2004, 94 (4): 1055 – 1084.

[17] Chiara Scotti. Surprise and Uncertainty Indexes: Real – time Aggregation of Real – Activity Macro Surprises [J]. Journal of Monetary Economics, 2016, 82: 1 – 19.

[18] Calza, A. , Monacelli, T. , Stracca, L. , 2007. Mortgage markets, collateral constraints, and monetary policy: Do institutional factors matter? CEPR Discussion Papers 6231.

[19] Christiano, L. et al. 2005. Nominal rigidities and the dynamic effects of a shock to monetary policy. Journal of Political Economy 113 (1), 1 – 45.

[20] Daniel Andrei, Bernard Herskovic, Olivier Ledoit. The Redistributive Effects of Monetary Policy. Social Science Electronic Publishing, 2011.

[21] D' Amico S. , King T. B. Flow and stock effects of large – scale treasury purchases: Evidence on the importance of local supply [J]. Journal of Financial Economics, 2013, 108 (2): 425 – 448.

[22] Dedola, L. , and Lippi, F. (2005) . The monetary transmission mechanism: evidence from the industries of five OECD countries. European Economic Review, 49 (6), 1543 – 1569.

[23] Diefenbacher H. , Zieschank R. , Rodenhäuser D. Measuring Welfare in Germany. A Suggestion for a New Welfare Index [M]. Federal

Environment Agency, 2010.

[24] Eckhard Hein. Interest Rates, Income Shares, and Investment in a Kaleckian Model. Mpra Paper, 1999,

[25] Eckhard Hein, Christian Schoder. Interest rates, distribution and capital accumulation – A post – Kaleckian perspective on the US and Germany [J]. International Review of Applied Economics, 2011, 25 (6): 693 – 723.

[26] Eric M. Leeper. Sweden's Fiscal Framework and Monetary Policy. National Bureau of Economic Research Working Paper Series, 2018.

[27] Elisabetta Michetti, Domenica Tropeano. Exchange rate policy and income distribution in an open developing economy. MPRA Paper, 2008.

[28] Edouard Schaal. Uncertainty, Productivity and Unemployment in the Great Recession. General Information, 2011.

[29] Edge, R. , Kiley, M. T. , Laforte, J. P. , 2008. Natural rate measures in an estimated DSGE model of the U. S. economy. J. Econ. Dyn. Control 32, 2512 – 2535.

[30] Faik Koray. Money and Functional Distribution of Income [J]. Journal of Money Credit & Banking, 1989, 21 (21): 33 – 48.

[31] Fratzscher M. , Lo Duca M. , Straub R. ECB Unconventional Monetary Policy: Market Impact and International Spillovers [J]. IMF Economic Review, 2016, 64 (1): 36 – 74.

[32] Frolov S. M. , Kremen O. I. , Ohol D. O. Scientific methodical approaches to evaluating the quality of economic growth [J]. Aktual'ni Problemy Ekonomiky = Actual Problems in Economics, 2015 (173): 393 – 398.

[33] Geert Bekaert, Marie Hoerova, Marco Lo Duca. Risk, uncertainty and monetary policy [J]. Journal of Monetary Economics, 2013, 60 (7): 771 – 788.

[34] Gianna Boero, Jeremy Smith, Kenneth F. Wallis. Uncertainty and Disagreement in Economic Prediction: The Bank of England Survey of External Forecasters [J]. Economic Journal, 2008, 118 (530): 1107 – 1127.

[35] Giovanni Caggiano, Efrem Castelnuovo, Nicolas Groshenny. Uncertainty shocks and unemployment dynamics in U. S. recessions [J]. Journal of Monetary Economics, 2014, 67: 78 – 92.

[36] Georgiadis, G. (2015). Examining asymmetries in the transmission of monetary policy in the euro area: Evidence from a mixed cross – section global VAR model. European Economic Review, 75, 195 – 215.

[37] Gertler, M., Kiyotaki, N., 2010. Financial Intermediation and Credit Policy in Business Cycle Analysis. In: Friedman, B. M., Woodford, M. (Eds.), Handbook of monetary economics. 3A, Elsevier/North – Holland, Amsterdam (Chapter 11).

[38] Hein, Eckhard, Ochsen, et al. Regimes of Interest Rates, Income Shares, Savings and Investment: A Kaleckian Model and Empirical Estimations for some Advanced OECD Economies [J]. Metroeconomica, 2003, 54 (4): 404 – 433.

[39] Hein, Ochsen, Carsten. On the Real Effects of the Monetary Sphere: Post – Keynesian Theory and Empirical Evidence on Interest Rates, Income Shares, and Investment [J]. Review of Political Economy and So-

cial Sciences, 1999, 5: 5 – 22.

[40] Hayo, B. , and B. Uhlenbrock. 1999. "Industry Effects of Mone-tary Policy in German. " ZEI Working Paper. 36.

[41] Iacoviello, M. , Minetti, R. , 2008. The credit channel of mone-tary policy: Evidence from the housing market. J. Macroecon. 30 (1), 69 – 96.

[42] Iacoviello, M. , Neri, S. , 2010. Housing market spillovers: Evidence from an estimated DSGE model. Am. Econ. J. Macroeconomics. 2 (2), 125 – 164.

[43] Imre Ersoy, Bilgehan Baykal, Pınar Deniz. Impact of monetary and fiscal policies on income inequality in european monetary union [J]. Journal of European Stdudied, 2008, 16: 79 – 90.

[44] Joydeep Bhattacharya. Monetary Policy and the Distri – Bution of Income. Staff General Research Papers, 2003.

[45] Jordi Galı, Mark Gertler. Inflation dynamics: A structural econo-metric analysis [J]. Social Science Electronic Publishing, 2000, 44 (2): 195 – 222.

[46] Jiménez G. , Ongena S. , Peydró J. L. , et al. Credit supply and monetary policy: Identifying the bank balance – sheet channel with loan ap-plications [J]. American Economic Review, 2012, 102 (5): 2301 – 26.

[47] Joyce M. , Miles D. , Scott A. et al. Quantitative easing and un-conventional monetary policy – an introduction [J]. The Economic Journal, 2012, 122 (564): F271 – F288.

[48] Jeremy Rudd, Karl Whelan. Should monetary policy target labor's

share of income? . Proceedings, 2002.

[49] Kyle Jurado, Sydney C Ludvigson, Serena Ng. Measuring Uncertainty \ \ n † [J]. American Economic Review, 2015, 105 (3): 1177 - 1216.

[50] Kaufmann, S. , Scharler, J. , 2009 . Financial systems and the cost channel transmission of monetary policy shocks. Economic Modeling 26 (1), 40 - 46.

[51] Kremer M. Macroeconomic effects of financial stress and the role of monetary policy: a VAR analysis for the euro area [J]. International Economics and Economic Policy, 2016, 13 (1): 105 - 138.

[52] Louis Philippe Rochon, Sergio Rossi. Inflation Targeting, Economic Performance, and Income Distribution: A Monetary Macroeconomics Analysis [J]. Journal of Post Keynesian Economics, 2006, 28 (4): 615 - 638.

[53] Llosa, L. , Tuesta, V. , 2009. Learning about monetary policy rules when the cost channel matters, Journal of Economic Dynamics and Control 33 (11), 1880 - 1896.

[54] Lloyd B. Thomas. The Financial Crisis and Federal Reserve Policy [M]. Palgrave Macmillan, 2013.

[55] Matthias Doepke, Martin Schneider. Inflation and the Redistribution of Nominal Wealth [J]. Journal of Political Economy, 2006, 114 (6): 1069 - 1097.

[56] Masuda K. Fixed investment, liquidity constraint, and monetary policy: Evidence from Japanese manufacturing firm panel data [J]. Japan

and the World Economy, 2015, 33: 11 – 19.

[57] Mauskopf, E. , 1990. The transmission channels of monetary policy: How have they changed? Federal Reserve Bulletin 76 (12), 985.

[58] Nicholas Bloom. The Impact of Uncertainty Shocks [J]. Econometrica, 2009, 77 (3): 623 – 685.

[59] Nicholas Bloom. Fluctuations in Uncertainty [J]. Journal of Economic Perspectives, 2014, 28 (2): 153 – 175.

[60] Nicholas Bloom, Max Floetotto, Nir Jaimovich, et al. Really Uncertain Business Cycles. NBER Working Papers, 2013.

[61] Nicholas Kaldor. Equilibrium Theory and Growth Theory [J]. Economics & Human Welfare, 1979: 273 – 291.

[62] Ni C. , Chu X. , Song H. Human Capital, Innovation Capacity and Quality of Economic Growth—Based on Chinese Provincial Panel Data from 2000 to 2013 [J]. Global Journal of Management And Business Research, 2014. 14 (8), 45 – 51.

[63] Olivier Coibion, Yuriy Gorodnichenko, Lorenz Kueng, et al. Innocent Bystanders? Monetary Policy and Inequality in the U. S [J]. Journal of Monetary Economics, 2016, 88 (199).

[64] Oliner, S. , and G. Rudebusch. 1995. "Is There a Bank Lending Channel for Monetary Policy. " FRBSFEconomic Review 2 (1): 1 – 22.

[65] Owyang, M. T. , and H. J. Wall. 2004. "Structural Breaks and Regional Disparities in the Transmission of Monetary Policy. " Federal Reserve Bank of ST. Louis, Working Paper 008.

[66] Paolo Giordani, Paul Söderlind. Inflation forecast uncertainty

[J]. Social Science Electronic Publishing, 2001, 47 (6): 1037 – 1059.

[67] Porter, N. J., and Xu, T. (2009). What drives China's interbank market? International Monetary Fund.

[68] Porter, N., and Xu, T. (2013). Money market rates and retail interest regulation in China: the disconnect between interbank and retail credit conditions (No. 2013 – 20). Bank of Canada Working Paper.

[69] Peek, J., Rosengren, E., 1995a. The capital crunch: Neither a borrower nor a lender be source. J. Money Credit Bank. 27 (3), 625 – 638 (Aug.).

[70] Peek, J., Rosengren, E. S., 1995b. Is bank lending important for the transmission of monetary policy? An overview. New England Economic Review 3 – 11 (Nov.).

[71] Peek, J., Rosengren, E. S., 1997. The international transmission of financial shocks: The case of Japan. Am. Econ. Rev. 87 (4), 495 – 505 (Sept.).

[72] Qi J. Fiscal Expenditure Incentives, Spatial Correlation and Quality of Economic Growth: Evidence from a Chinese Province [J]. International Journal of Business and Management, 2016, 11 (7), 191 – 201.

[73] Ravi Kanbur, Yue Wang, Xiaobo Zhang. The Great Chinese Inequality Turnaround. Social Science Electronic Publishing, 2017.

[74] Rabanal, P., 2007. Does inflation increase after a monetary policy tightening? Answers based on an estimated DSGE model. Journal of Economic Dynamics and Control 31, 906 – 937.

[75] Raddatz, C., and R. Rigobon. 2003. "Monetary Policy and Sec-

toral Shocks: Did the Federal Reserve React Properly to the High – tech Crisis?" The World Bank Policy Research Working Paper Series 9835.

[76] Ruediger Bachmann, Steffen Elstner, Eric R Sims. Uncertainty and Economic Activity: Evidence from Business Survey Data [J]. American Economic Journal – macroeconomics, 2013, 5 (2): 217 – 249.

[77] Ramey, V. A. , 1993. How important is the credit channel in the transmission of monetary policy? . National Bureau of Economic Research, Inc. , NBER Working Papers 4285.

[78] Ravenna, F. , Walsh , C. E. , 2006. Optimal monetary policy with the cost channel . Journal of Monetary Economics 53 (2), 199 –216 .

[79] Reifschneider, D. , Stockton, D. J. , Wilcox, D. W. , 1997. Econometric models and the monetary policy process. Carnegie – Rochester Conference Series on Public Policy 47 (Dec.), 1 – 37.

[80] Reifschneider, D. , Tetlow, R. , Williams, J. , 1999. Aggregate disturbances, monetary policy, and the macroeconomy: The FRB/US perspective. Federal Reserve Bulletin 1 – 19 (Jan.) .

[81] Stefania Albanesi. Inflation and inequality [J]. Journal of Monetary Economics, 2007, 54 (4): 1088 – 1114.

[82] S. Bora？ an Aruoba, Francis X. Diebold, Chiara Scotti. Real – Time Measurement of Business Conditions [J]. Journal of Business & Economic Statistics, 2009, 27 (4): 417 – 427.

[83] Seth B. Carpenter, William M. Rodgers. The Disparate Labor Market Impacts of Monetary Policy [J]. Journal of Policy Analysis & Management, 2004, 23 (4): 813 – 830.

[84] Swanson E T. Measuring the effects of unconventional monetary policy on asset prices [R]. National Bureau of Economic Research, 2015.

[85] Scotti. O. 1995. "The Regional Impact of Monetary Policy." The Quarterly Journal of Economics 69 (2): 269 – 284.

[86] Thomas Blanchet, Juliette Fournier, Thomas Piketty. Generalized Pareto Curves: Theory and Applications. Cepr Discussion Papers, 2017.

[87] Thomas Piketty, Li Yang, Gabriel Zucman. Capital Accumulation, Private Property and Rising Inequality in China, 1978 – 2015. Cepr Discussion Papers, 2017.

[88] Taylor, J. B. , 1995. The monetary transmission mechanism: An empirical framework. J. Econ. Perspec. 9 (4), 11 – 26.

[89] Tillmann, P. , 2008. Do interest rates drive inflation dynamics? An analysis of the cost channel of monetary transmission. Journal o f Economic Dynamics and Control 32 (6), 2723 – 2744 .

[90] Valencia F. Aggregate uncertainty and the supply of credit [J]. Journal of Banking & Finance, 2017, 81: 150 – 165.

[91] Vespignani, J. L. (2015) . On the differential impact of monetary policy across states/territories and its determinants in Australia: Evidence and new methodology from a small open economy. Journal of International Financial Markets, Institutions and Money, 34, 1 – 13.

[92] Waldyr Dutra Areosa, Marta B. M. Areosa. The inequality channel of monetary transmission [J]. Journal of Macroeconomics, 2016, 48: 214 – 230.

[93] Wei Chi. Capital income and income inequality: Evidence from ur-

ban China ［J］. Journal of Comparative Economics, 2012, 40 （2）:
228 – 239.

［94］William Easterly, Stanley Fischer. Inflation and the Poor ［J］.
Journal of Money Credit & Banking, 2001, 33 （2）: 160 – 178.

［95］Wessel, D., 2009. In Fed we trust: Ben Bernanke's war on the
great panic. Crown Business, New York.

［96］白重恩, 钱震杰, 武康平. 中国工业部门要素分配份额决定
因素研究 ［J］. 经济研究, 2008 （8）: 16 – 28.

［97］陈炳才. 用结构性货币政策应对和治理通货膨胀 ［J］. 经济
学动态, 2010 （6）: 62 – 68.

［98］陈诗一, 陈登科. 雾霾污染、政府治理与经济高质量发展
［J］. 经济研究, 2018, 53 （2）: 20 – 34.

［99］陈彦斌, 陈惟. 从宏观经济学百年简史看"宏观经济学的麻
烦" ［J］. 经济学动态, 2017, 1: 3 – 13.

［100］陈昆亭, 周炎, 黄晶. 利率冲击的周期与增长效应分析
［J］. 经济研究, 2015 （6）: 59 – 73.

［101］陈彦斌, 陈小亮, 陈伟泽. 利率管制与总需求结构失衡
［J］. 经济研究, 2014 （2）: 18 – 31.

［102］楚尔鸣, 曹策, 李逸飞. 结构性货币政策: 理论框架、传导
机制与疏通路径 ［J］. 改革, 2019 （10）: 66 – 74.

［103］丁涛, 顾金亮. 科技创新驱动江苏地区经济高质量发展的路
径研究 ［J］. 南通大学学报（社会科学版）, 2018, 34 （4）: 41 –
46. DOI: 10. 3969/j. issn. 1672 – 2359. 2018. 04. 007.

［104］丁攀, 李素芳. 中国货币政策对城乡居民收入的有效性研

究——FAVAR 模型的全视角分析 [J]. 经济科学, 2014, Vol. 36 (4): 39 - 49.

[105] 封北麟, 孙家希. 结构性货币政策的中外比较研究——兼论结构性货币政策与财政政策协调 [J]. 财政研究, 2016 (2): 34 - 40.

[106] 冯明, 伍戈. 定向降准政策的结构性效果研究——基于两部门异质性商业银行模型的理论分析 [J]. 财贸经济, 2018, 39 (12): 62 - 79.

[107] 高培勇, 杜创, 刘霞辉, 袁富华, 汤铎铎. 高质量发展背景下的现代化经济体系建设: 一个逻辑框架 [J]. 经济研究, 2019, 54 (4): 4 - 17.

[108] 郭少新. 小康社会评价指标体系的重构与西部经济发展 [J]. 山西师大学报 (社会科学版), 2005, 32 (3): 44 - 48.

[109] 郭晔, 徐菲, 舒中桥. 银行竞争背景下定向降准政策的"普惠"效应——基于 A 股和新三板三农、小微企业数据的分析 [J]. 金融研究, 2019 (1): 1 - 18.

[110] 郭豫媚, 陈伟泽, 陈彦斌. 中国货币政策有效性下降与预期管理研究 [J]. 经济研究, 2016, 51 (1): 28 - 41 + 83.

[111] 龚刚, 杨光. 从功能性收入看中国收入分配的不平等 [J]. 中国社会科学, 2010 (2): 54 - 68.

[112] 韩喜平, 金运. 中国农村金融信用担保体系构建 [J]. 农业经济问题, 2014, 35 (3): 37 - 43 + 110 - 111.

[113] 胡育蓉, 范从来. 结构性货币政策的运用机理研究 [J]. 中国经济问题, 2017 (5): 25 - 33.

[114] 江春, 向丽锦, 肖祖沔. 货币政策、收入分配及经济福

利——基于 DSGE 模型的贝叶斯估计 [J]. 财贸经济, 2018 (3).

[115] 姜付秀, 石贝贝, 马云飙. 信息发布者的财务经历与企业融资约束 [J]. 经济研究, 2016, 51 (1): 83-97.

[116] 金碚. 关于"高质量发展"的经济学研究 [J]. 中国工业经济, 2018 (4): 5-18.

[117] 李稻葵, 刘霖林, 王红领. GDP 中劳动份额演变的 U 型规律 [J]. 经济研究, 2009 (1): 70-82.

[118] 李华杰, 史丹, 马丽梅. 经济不确定性的量化测度研究: 前沿进展与理论综述 [J]. 统计研究, 2018 (1): 117-128.

[119] 李建勇, 汪旭, 王枫淇. 货币政策对收入不平等的作用效应: 一个文献研究 [J]. 财经科学, 2014, (1): 38-45.

[120] 李金昌, 史龙梅, 徐蔼婷. 高质量发展评价指标体系探讨 [J]. 统计研究, 2019, 36 (1): 4-14.

[121] 李伟. 高质量发展有六大内涵 [J]. 中国总会计师, 2018 (2): 9-9.

[122] 梁亚民. 经济增长质量评价指标体系研究 [J]. 西北师大学报 (社会科学版), 2002, 39 (2): 115-118.

[123] 林仁文, 杨熠. 中国市场化改革与货币政策有效性演变——基于 DSGE 的模型分析 [J]. 管理世界, 2014, (6): 39-52.

[124] 林朝颖, 黄志刚, 杨广青, 杨洁. 基于企业视角的定向降准政策调控效果研究 [J]. 财政研究, 2016 (08): 91-103+65.

[125] 林毅夫, 陈斌开. 发展战略、产业结构与收入分配 [J]. 经济学 (季刊), 2013, 12 (4): 1109-1140.

[126] 林志帆, 赖艳, 徐蔓华. 货币扩张、资本深化与劳动收入份

额下降——理论模型与跨国经验证据 [J]. 经济科学, 2015, Vol. 0 (5): 30 - 43.

[127] 林兆木. 关于我国经济高质量发展的几点认识 [J]. 求是, 2018 (3): 63 - 63.

[128] 凌昌玉. 全面小康社会评价指标体系的构建 [J]. 统计与决策, 2003 (10): 6 - 8.

[129] 刘程, 佟家栋. 欧元区非常规货币政策的实施及其绩效述评 [J]. 南开经济研究, 2017 (4): 3 - 24.

[130] 刘海英, 张纯洪. 中国经济增长质量提高和规模扩张的非一致性实证研究 [J]. 经济科学, 2006 (2): 13 - 22.

[131] 刘金全, 张龙, 张鑫. 我国经济增长质量的混频测度与货币政策调控方式转型 [J]. 经济学动态, 2019 (5): 73 - 87.

[132] 刘澜飚, 尹海晨, 张靖佳. 中国结构性货币政策信号渠道的有效性研究 [J]. 现代财经 (天津财经大学学报), 2017a, 37 (3): 12 - 22.

[133] 刘澜飚, 尹海晨, 张靖佳. 欧元区非传统货币政策的发展及对中国的启示 [J]. 国际金融研究, 2017b (3): 35 - 44.

[134] 刘思明, 张世瑾, 朱惠东. 国家创新驱动力测度及其经济高质量发展效应研究 [J]. 数量经济技术经济研究, 2019, 36 (4): 3 - 23.

[135] 刘思明, 张世瑾, 朱惠东. 国家创新驱动力测度及其经济高质量发展效应研究 [J]. 数量经济技术经济研究, 2019, 36 (4): 3 - 23.

[136] 卢岚, 邓雄. 结构性货币政策工具的国际比较和启示 [J].

世界经济研究，2015（6）：3－11＋127.

[137] 陆正飞，祝继高，樊铮．银根紧缩、信贷歧视与民营上市公司投资者利益损失［J］．金融研究，2009（8）：124－136.

[138] 吕薇．探索体现高质量发展的评价指标体系［J］．中国人大，2018（11）：23－24.

[139] 麻智辉．推动江西经济高质量发展的重点和路径［N］．江西日报，2018－04－16（B03）.

[140] 马方方，谷建伟．中国定向调控货币政策效应研究［J］．首都经济贸易大学学报，2016，18（1）：33－39.

[141] 马贱阳．结构性货币政策：一般理论和国际经验［J］．金融理论与实践，2011（4）：111－115.

[142] 马理，娄田田，牛慕鸿．定向降准与商业银行行为选择［J］．金融研究，2015（9）：82－95.

[143] 马茹，罗晖，王宏伟等．中国区域经济高质量发展评价指标体系及测度研究［J］．中国软科学，2019，（7）：60－67.

[144] 马轶群，史安娜．金融发展对中国经济增长质量的影响研究——基于VAR模型的实证分析［J］．国际金融研究，2012（11）：30－39.

[145] 鲁晓东，刘京军．不确定性与中国出口增长［J］．经济研究，2017，（9）.

[146] 罗长远，陈琳．融资约束会导致劳动收入份额下降吗？——基于世界银行提供的中国企业数据的实证研究［J］．金融研究，2012（3）：29－42.

[147] 罗长远，张军．劳动收入占比下降的经济学解释——基于中

国省级面板数据的分析 [J]. 管理世界, 2009 (5): 25 - 35.

[148] 彭兴韵. 论中国货币政策框架的调整 [J]. 经济学动态, 2006 (9): 14 - 21.

[149] 彭俞超, 方意. 结构性货币政策、产业结构升级与经济稳定 [J]. 经济研究, 2016, 51 (7): 29 - 42 + 86.

[150] 秦元元. 我国地区经济发展活力的综合评价 [J]. 中国统计, 1998 (12): 26 - 27.

[151] 任保平. 新时代中国经济从高速增长转向高质量发展: 理论阐释与实践取向 [J]. 学术月刊, 2018, 50 (3): 66 - 74 + 86.

[152] 任东明, 曹静. 经济高速增长条件下中国区域可持续发展状态的综合评价 [J]. 中国人口资源与环境, 2000, 10 (1): 12 - 15.

[153] 尚玉皇, 郑挺国. 中国金融形势指数混频测度及其预警行为研究 [J]. 金融研究, 2018 (3): 21 - 35.

[154] 王义中, 宋敏. 宏观经济不确定性、资金需求与公司投资 [J]. 经济研究, 2014 (2): 4 - 17.

[155] 庄子罐, 崔小勇, 赵晓军. 不确定性、宏观经济波动与中国货币政策规则选择——基于贝叶斯 DSGE 模型的数量分析 [J]. 管理世界, 2016 (11): 20 - 31.

[156] 周长城, 谢颖. 经济社会发展综合评价指标体系研究 [J]. 社会科学研究, 2008 (1): 89 - 94.

[157] 马贱阳. 结构性货币政策: 一般理论和国际经验 [J]. 金融理论与实践, 2011 (4): 111 - 115.

[158] 马理, 娄田田, 牛慕鸿. 定向降准与商业银行行为选择 [J]. 金融研究, 2015 (9): 82 - 95.

[159] 马茹，罗晖，王宏伟等．中国区域经济高质量发展评价指标体系及测度研究 [J]．中国软科学，2019，(7)：60－67.

[160] 马轶群，史安娜．金融发展对中国经济增长质量的影响研究——基于VAR模型的实证分析 [J]．国际金融研究，2012 (11)：30－39.

[161] 随洪光，段鹏飞，高慧伟，周瑾．金融中介与经济增长质量——基于中国省级样本的经验研究 [J]．经济评论，2017 (5)：64－78.

[162] 孙国峰，蔡春春．货币市场利率、流动性供求与中央银行流动性管理——对货币市场利率波动的新分析框架 [J]．经济研究，2014，49 (12)：33－44＋59.

[163] 田红娜，佟光霁．关于完善全面小康社会评价指标体系的思考 [J]．商业研究，2005 (24)：4－6.

[164] 汪仁洁．货币政策的阶段性特征和定向调控选择 [J]．改革，2014 (7)：15－24.

[165] 王春新．中国经济转向高质量发展的内涵及目标 [J]．金融博览，2018 (9)：42－43.

[166] 王一鸣．大力推动我国经济高质量发展 [J]．经济视野，(2018)：43－44.

[167] 王云琪．经济适度增长综合评价指标体系的确定 [J]．中央财经大学学报，2001 (1)：1－5.

[168] 魏敏，李书昊．新时代中国经济高质量发展水平的测度研究 [J]．数量经济技术经济研究，2018，35 (11)：3－20.

[169] 魏志华，曾爱民，李博．金融生态环境与企业融资约束

[J]. 会计研究, 2014: 73 - 80.

[170] 吴秋生, 黄贤环. 财务公司的职能配置与集团成员上市公司融资约束缓解 [J]. 中国工业经济, 2017 (9): 156 - 173.

[171] 徐明东, 陈学彬. 中国微观银行特征与银行贷款渠道检验 [J]. 管理世界, 2011 (5): 24 - 38 + 187.

[172] 徐瑞慧. 高质量发展指标及其影响因素 [J]. 金融发展研究, 2018 (10): 36 - 45.

[173] 余振, 顾浩, 吴莹. 结构性货币政策工具的作用机理与实施效果——以中国央行 PSL 操作为例 [J]. 世界经济研究, 2016 (3): 36 - 44 + 69 + 134.

[174] 詹新宇, 崔培培. 中国省际经济增长质量的测度与评价——基于 "五大发展理念" 的实证分析 [J]. 财政研究, 2016 (8): 40 - 53 + 39.

[175] 张娜. 货币政策银行信贷渠道传导效应分析——基于银行微观竞争水平的视角 [J]. 国际金融研究, 2019 (2): 54 - 65.

[176] 张月友, 董启昌, 倪敏. 服务业发展与 "结构性减速" 辨析——兼论建设高质量发展的现代化经济体系 [J]. 经济学动态, 2018 (2): 23 - 35.

[177] 郑魁浩, 张红营. 区域经济综合评价及评价指标体系的设置 [J]. 当代经济科学, 1990 (6): 71 - 76.

[178] 周海春. 中国经济发展阶段的研究 [J]. 经济学动态, 2001 (2): 4 - 9.

[179] 朱乐尧. 区域经济发展效果的宏观评价 [J]. 数量经济技术经济研究, 1989 (9): 75 - 78.

[180] 朱启贵. 建立推动高质量发展的指标体系 [N]. 文汇报, 2018 – 02 – 06（012）.

[181] 朱庆芳. 社会指标的应用及评价比较实例——改革开放以来哪些地区经济社会发展速度快、水平高 [J]. 社会学研究, 1993（2）: 31 – 35.

[182] 祝继高, 陆正飞. 货币政策, 企业成长与现金持有水平变化 [J]. 管理世界, 2009, 3（138）: 152 – 158.